KB267716

퇴계,
달중이를 만나다

탐 철학 소설 02

퇴계, 달중이를 만나다

| **1판 1쇄 발행** | 2013년 4월 25일 |
| **1판 6쇄 발행** | 2025년 5월 12일 |

| **지은이** | 김은미, 김영우 |
| **펴낸이** | 이재일 |

책임 편집	윤정현
제작·마케팅	강백산, 강지연, 김주희
디자인	땡스북스 스튜디오
표지 일러스트	박근용

펴낸곳 토토북 | **출판등록** 2002년 5월 30일 제2002-000172호
주소 04034 서울시 마포구 잔다리로7길 19, 명보빌딩 3층
전화 02-332-6255 | **팩스** 02-6919-2854
홈페이지 www.totobook.com | **전자우편** totobooks@hanmail.net | **인스타그램** totobook_tam

ISBN 978-89-6496-138-4 44100

● 이 책의 사용 연령은 14세 이상입니다.
● 탐은 토토북의 청소년 출판 전문 브랜드입니다.
● 이 책은 푸른디딤돌 출판사의 《퇴계, 달중이를 만나다》의 개정판입니다.

퇴계,
달중이를 만나다

김은미,
김영우
지음

02

탐
철학
소설

탐

차례

개정판 머리말

230킬로미터를 달려 안동에 갔다. A4 한 장짜리 글을 위해서 그 멀리 간 거냐고 누군가는 물을 지도 모르겠지만, 그래도 개정판 서문을 쓰기 전에 병산서원에 꼭 다시 가 보고 싶었다.

2004년 겨울 출판된 《퇴계, 달중이를 만나다》가 분에 넘치는 큰 사랑을 받았다. 많은 분들의 응원을 들었고, 뜻밖의 곳에서 의외의 독자들도 만났다. 새 학교로 전학한 첫날, 잔뜩 긴장된 얼굴로 학교에 갔던 딸아이가 새 학교 필독 도서에 올라있던 이 작품 덕분에 새 학교에 잘 적응할 수 있었던 기억도 있다. 10년 가까운 세월, 달중이 덕분에 우리는 정말 행복했었다.

개정판을 내면서 작품을 좀 고쳐볼까 고민이 많았다. 달중이를 안동으로 보냈던 그 1000원짜리 지폐도 신권으로 바뀌었고, 작품에 등장하는 몇몇 사람은 어느 새 '옛날 사람'이 되어, 독자들이 공감하기 어려운 부분이 생겼기 때문이다. 퇴계에 대한 정보를 부록으로 덧붙였으면 좋겠다는 제안도 받았다.

우리는 오래 생각했다. 그러고는 깊은 고민 끝에 그냥 원래대로 가기로 했다. 세월이 흘러 변화가 생긴 내용은 주석으로 처리하기로 했고, 부록도 달지 않기로 했다. 그 편이 좋을 것 같았다. 애초부터 학습 지침서로 작품을 구상한 것이 아니었으니. 그저, 달중이라는 한 소년이 퇴계 어른을 알아가는 이야기를 적어나간 것이었으니.

작품을 구상하면서 답사했던 병산서원에 10년 만에 다시 들렀다. 만대루는 우리 기억 속 만대루보다 훨씬 낡아있었다. 만대루의 책 모양 계단도 더 이상 반질거리지 않았다. 갑자기 퇴계 어른 곁으로 가게 된 달중이를 지켜봤을 달팽이 모양의 화장실은 우리가 기억하는 것보다 훨씬 작고 낮았다. 그렇게 많은 것이 이전과는 다르게 느껴졌고 그래서 우리는 살짝 당황하기까지 했다. 이제는 주름진 얼굴을 한 예전의 첫사랑을 만난 기분이랄까.

그래도 병산서원 앞 낙동강은 여전히 도도했고, 서원 앞 모래사장도 그때처럼 하얗게 빛났다. 서원 들어가는 길은 여전히 비포장 도로였으나, 봄빛 오른 풍산 들녘은 넓고도 풍요로웠다. 몇 군데 더 생긴 민박집 어디선가에서 달중이를 잘 따르던 그 민규가 문을 열고 나올 것도 같았다.

그 동안도 행복했지만 그래도 욕심내고 싶다. 개정판도 많은 사랑을 받아서, 우리가 퇴계어른을 알아가며 느꼈던 그 가슴벅참을 더 많은 사람들이 느꼈으면 좋겠다. 앞으로도 이어질 달중이의 여정들도 많은 관심을 받았으면 좋겠다.

독자들을 포함하여, 언제나 힘이 되어 주시는 우리의 든든한 '그분들'
께 깊은 감사를 전한다.

2013년 봄 해운대에서 김은미, 김영우

철학 하는 남편을 만나기 전까지는 생각도 할 수 없던 일들이 있다. 토요일 오후 햇볕 드는 창가에서 함께 《논어》를 읽는 신혼 시절이라든가, 〈한국의 선(禪)〉이라는 다큐멘터리를 녹화해서 보고 또 보는 일 같은 것들. 이제 그 목록에 한 가지가 더 추가되었다. 퇴계 선생에 대한 글을 공동 집필하게 된 일.

퇴계 선생에 대해서 내가 알고 있는 것은 보통 사람의 수준을 크게 넘지 못했다. 서점에서 한 아름 사 온 퇴계 선생에 관한 책을 봐도 몇몇 전문 서적을 제외하고는 별반 달라 보이지 않았다. 아이들을 위해서 쓰인 책들은 미화를 넘어서서 성화된 위인전인 경우가 많았고, 전문 서적은 좀 딱딱하고 어려웠다. 그 중간 세대를 위한 책을 찾기가 쉽지 않았음도 물론이다. 그래서 달중이를 생각했나 보다.

우리의 달중이를 위해 남편과 나는 안동에 자주 갔었다. 도산서원, 퇴계 종택, 퇴계 선생의 묘소까지 모두 다 실제로 여러 번 다녀왔다. 안동에 발길이 잦아지면서 퇴계 선생에 대한 생각도 조금씩 선명해졌다. 우리의 달중이도 그랬을 것이다. 달중이는 도서관에 앉아 퇴계 선생에 관한 책도 많이 읽었다. 실시학사에도 가고, 김영우 선생의 강의실에도 갔었다. 그 달중이가 이제 자신이 알게 된 퇴계 선생에 대해 말하고 싶어 한다.

　달중이의 안내를 받아 떠나는 퇴계 선생 알현기는 그래서 조금 쉽다.
그 일대기를 위인전처럼 소개하지도 않지, 퇴계 선생의 사상을 편안하게 설
명해 주지, 별로 어려울 것이 없다. 달중이 자신이 느낀 소박하고 온화하며
따스한 퇴계 선생의 모습을 다른 사람들에게도 알려 주고 싶었던 모양이다.
조금 욕심 내어 이 땅에 퇴계 선생을 자랑스러워하는 사람이 많아지기를 바
라기까지 하나 보다.

　부족한 글을 격려해 주신 이혜순 선생님은 큰 힘이었다. 흔쾌히 이름을 빌려
주신 '동물원'의 배영길 씨와 아름다운 사람들 권갑중 씨 부부께도 감사의
마음을 전한다. 주말마다 손자들 보느라 고생 많이 하신 사랑하는 나의 엄
마, 고집 센 작가 때문에 속앓이 많이 한 이효진 씨, 가르쳐 주시고 성원해 주
신 여러 선생님과 친구들에게도 고마운 마음이다.
　아빠, 엄마의 집필 기간 내내 주말이면 외가로 가야 했던 사랑하는 민
규, 민서, 병윤이에게 이 책을 바친다.

2004년 11월 의정부 도서관에서 김은미

여행을 떠나다

1

겨울 길은 쓸쓸했다. 땅은 딱딱해져서 걸을 때마다 발바닥에 울퉁불퉁한 느낌이 전해져 오고, 나무도 마른 채로 얼어 있었다. 추운 것은 예상했던 터라 참을 수 있었지만, 나다니는 사람조차 보이지 않는 건 너무 외로운 일이었다.

게다가 이 촌구석이라니. 내가 생각한 여행은 이런 게 아니었다. 베란다로 멋진 설경이 보이는 콘도에서 혼자 불 꺼 놓고 나의 고교 생활을 계획하는 호젓한 시간. 가끔 로비로 나서서 가족 단위로 북적이는 사람들 곁을 조금은 고독한 표정으로 스쳐 지나가며 휘파람을 날리는 일. 다들 잠들어 고요한 시간에 혼자 슬쩍 맥주 한 병쯤을 마실 수도 있는.

그런데 안동이라니, 이 촌구석이라니. 안동 권씨라고 꼭 안동에 와 봐야 하는 거라면 전주 최씨인 우리 엄마는 왜 여태 한 번도 전주에 가 보질 않은 건지.

'안동' 하면, '아안도옹' 이렇게 소리 내는 순간, 고집불통 할아버지며 허리 굽은 할머니에 촌스럽고 엄격해 보이는 기와집이 떠오르면서 어디선가 오래된 책에서 나는 곰팡내가 주변에 좍 퍼지는 것 같은 느낌. 나는 정말 안동에 오고 싶지 않았다.

처음 안동 얘기를 꺼낸 건 엄마였다. 영국 여왕이 우리나라에 와서 뭐 하러 굳이 그 안동의 하회마을까지 갔겠느냐며, 중학 생활을 마무리하고 새로운 고등학교 생활을 생각해 보기에는 관광지처럼 소란스럽지 않으면서 고풍스러운 안동이 적격이라는 거였다.

영국 여왕이라면 나도 안다. 여왕이어서 그런 건지 사람 자체가 그런 건지 온몸에 기품이 넘치는 한 서양 여자가 오래된 한옥의 마당에서 생일상 받는 장면을 뉴스에서 본 것이다. 우리나라 여왕도 아닌데 대접 한번 융숭하다고 혼자 픽 웃기는 했지만, 그 여왕을 보노라니 품위가 뭔지 막연하게 알 듯도 했었다. 무엇보다도 생일상에 올라온 꽃가지, 사실은 떡으로 하나하나 만들어 붙인 거라던 그 꽃가지가 떠올랐다. 그런데 그 여왕이 한국을 방문하면서 일부러 들른 곳이 안동이라고? 나는 거기가 덕수궁이나 창경궁, 뭐 그런 곳인 줄 알았는데. 그런데 왕궁도 아닌 시골 마을이었다니, 조금 관심이 가기는 했지만…….

그래도 설악산 콘도 대신 경상도 촌구석을 선택하고 싶지는 않았다. 꼭 내가 아니어도, 따뜻하고 쾌적한 콘도 대신 이런 배낭여행인지 무전여행인지를 하고 싶어 하는 사람은 없을 것이다. 그것도 이

추운 겨울날에.

오경이가 그렇게 좋아하지만 않았어도 무슨 핑계를 대든 안동에는 오지 않았을 것이다. 학원 버스 안에서 오경이가 여행 계획을 물었을 때도 나는 얼굴을 찡그리며 말했다.

"이 추운 겨울에, 그 곰팡내 나는 안동에 왜 가냐? 지금 궁리 중이야."

"그래도 그 여행 간다고 고1 예비반 등록도 안 했잖아. 뭐 혼자 고등학교 생활을 설계하신다며?"

"그게 다 우리 아빠 생각이야. 설계는 무슨 설계냐? 크리스마스에, 신년에, 그러다 보면 졸업식에 입학식인데."

"달중이 네가 웬일이야? 너는 네 아빠 왕 팬이잖아."

"그래. 그래서 아빠 의견대로 여행을 가기는 갈 텐데, 그래도 안동은 진짜 싫다. 여행이 뭐 그러냐? 폼도 안 나고."

"그래, 안동이 뭐냐, 안동이. 나 같으면 혼자 비행기 척 타고 제주도로⋯⋯. 가만, 너 지금 안동이랬어?"

오경이가 별안간 내 어깨를 탁 치며 눈을 동그랗게 뜨고 물었다.

"갑자기 왜 그래? 어이구?"

"안동이라며, 안동?"

"그래, 안동. 고리타분한 아안도옹."

"야, 거기 우리 시원이 오빠 고향이잖아, 안동이. 너 거기 꼭 가라, 꼭 가!"

"거기가 류시원 고향이냐?"

"응. 아니, 진짜 고향은 아닌가? 어쨌든 우리 시원이 오빠가 하회 류씨란 말이야. 그런 걸 본관이라고 하던가? 하여튼, 하회가 안동이고 안동이 하회고. 그치? 그러니까 너 안동 꼭 가라. 응?"

"류시원이 하회 류씨였어? 너 진짜 별걸 다 안다. 치, 그래도 그렇다고 내가 거길 꼭 갈 건 뭐냐?"

오경이는 내 여자 친구지만 동시에 류시원 왕 팬이다. 류시원이 진행하는 〈호기심 천국〉을 빼놓지 않고 보는가 하면(개인적으로 그 프로가 끝난 걸 다행으로 여기고 있다.) 자기 휴대 전화기 뒷면에는 나와 둘이서 찍은 스티커 사진과 류시원 사진을 나란히 붙여 놓고 있다. 스티커 사진도 아닌 류시원 사진이 휴대 전화기 뒤에 붙을 리가 없지만, 거기다 투명 테이프를 발라 가며 꼼꼼하게 결국은 붙여 내는 오경이 때문에 그날 종일 기분이 나빴는데.

"네가 류시원 팬이지 내가 류시원 팬이냐? 나는 안동이 더 싫어졌어."

그러나 그 다음 날 오경이가 스크랩해 온 파일을 보는 순간, 아, 안동을 가야 하는 게 지금 내 운명이구나 싶었다. 애교 섞인 미소와 함께 오경이가 내놓은 노란 비닐 파일에는 안동 가는 기차 시간표부터 안동 시내 지도, 가 볼 만한 유적들, 그리고 그 류시원의 고향인지

본관인지 하는 하회에 대한 자료들이 잔뜩, 그야말로 잔뜩 들어 있었다. 게다가 '안동을 빛낸 인물', '친근한 안동은 바로 당신 곁에 있습니다', '안동의 자랑, 퇴계 이황 선생' 같은 어디서 퍼 온 건지 알 수 없는 이상한 글들이 얼마만큼 퍼 온 건지 알 수 없을 정도로 많이 들어 있었다. 이런 오경이의 정성을 무시하고 설악산이나 춘천쯤으로 여행지를 정한다면 엘리자베스 여왕 운운하시던 엄마와 안동 권씨임을 자랑스레 여기시는 아빠에 이어 오경이까지 내게서 등을 돌릴 판이었다.

어쨌든 1월 1일 아침, 떡국을 먹고 나서 나는 짐을 꾸려야 했다. 그리고 나는 지금 안동 어디쯤 와 있다.

하여튼 어찌어찌하여 이 갈림길까지 오기는 왔다. 기차 타고 버스 타고 지나가던 트럭까지 얻어 타고서야 드디어 하회 앞에 왔다. 아니 정확히는 하회마을을 찾기 쉬운 사거리까지 왔다. 마지막으로 차를 태워 준 할아버지가 안교 사거리에 나를 내려 주셨으니까.

"저리로 쭉 가면 하회 나온다. 밥 잘 묵고, 옷 뜨시게 입고 다녀래이. 잘 가그라."

할아버지는 이가 드문드문 빠져 있었지만, 목소리는 아직도 컸다. 나에 대해서 이것저것 물어보시랴, 하회 가는 길 설명해 주시랴, 가끔 안동 자랑도 하시랴, 그러면서 트럭도 모시랴…….

"너거 아부지가 난 사람이데이. 나는 김가지만 안동 권가들 다시 봐야겠네. 요즘 아아들이 약해빠진 거는 다 부모들이 감싸 키워서 그런 기라. 너거 아부지그치로 아아를 강하게 키워야지. 암, 강하게 키워야지. 니 올래 몇 살고? 아, 열일곱 된다 캤제? 열일곱치고는 좀 어려 뵈는구마. 그래도 옛날 같으면 열일곱에 일가를 이뤘는데. 그래, 너거 아부지 뜻그치로 많이 생각하고 많이 느끼고. 알았제?"

약간 쿰쿰한 냄새가 나는 좁은 트럭에서 길고도 긴 할아버지의 말씀을 들으랴, 이런 시골구석으로 나를 내몬 아빠를 원망하랴, 그러면서 처음 보는 길들을 달리다 보니 어느샌가 저절로 나른해져서 고개를 한 번 툭 떨구었을 때 할아버지가 나를 깨우셨다.

"여기가 안교 사거리다. 나는 저리로 가고 니는 절로 가야 한다. 내릴 준비해래이."

안녕히 가시라고 인사를 드리고는 트럭이 멀어질 때까지 서 있다가 발걸음을 돌렸다.

여기는 정말 낯선 곳이다. 새벽에 일어나 기차 타고 버스 타고 여기까지 오는 동안, 목적지를 신경 쓰느라 그런 생각을 못 했었는데 이제 하회 근처에 오니 문득 낯선 곳에 혼자 있다는 외로움이 엄습해 왔다.

"돈을 주신다니 무전여행은 아니겠지만 그래도 잠잘 곳 못 찾으면 어떻게 할 거야?"

친구들이 한두 마디씩 던져 올 때만 해도 나는 여유가 있었다.

"설마 잘 곳이 없겠냐? 정 없으면 찜질방에 가든지, 그것도 없으면 PC방에 가든지. 내 걱정하지 말고 너희나 잘 지내. 메일 보내고. 그런데 문자는 못 받을 거야, 휴대폰 놓고 가니까. 아빠가 휴대폰은 놓고 가는 게 좋겠다고 하셔서."

기차를 타느라 플랫폼에 서서도 나는 여유를 잃지 않았다.

'여기 어디쯤 호그와트 가는 기차가 있을지도 몰라, 내 눈에는 안 보여도……. 나는 머글이거든. 하하.'

그러나 오후가 되면서 잠잘 곳이 걱정되자 아까의 여유로움은 사라져 버리고 그저 외롭고 불안하기만 했다. 이 시골 마을에 찜질방이며 PC방이 있으리라 생각한 것부터가 잘못이었다. 이럴 때 정말 부엉이라도 한 마리 있다면 얼마나 좋을까. 아니면 해리 포터의 님부스 2000이라도, 아니, 그냥 지팡이만이라도.

터벅터벅 반쯤 언 겨울 땅을 밟으며 걷다 보니 공사 중인 도로가 어지럽다. 도로 한편에는 '하회식품'이라는 간판이 서 있고, 또 한쪽에는 '하회마을'이라는 이정표가 있다. 어느 곳이나 도로를 닦는 중이어선지 먼지가 앉아 있다.

당연히 하회마을이지. 사실 여기서 망설일 이유는 없었다. 처음부터 영국 여왕이 그 하회마을을 방문했기 때문에, 또 오경이가 좋아해 마지않는 그 류시원이 하회 류씨이기 때문에 안동으로 길을 정한 것이었으니 나는 당연히 하회마을 쪽으로 직진해야 했다. 하회도 안동에 포함되는 것이니 하회마을로 들어서면, 안동 권씨니까 안동 한번 다녀오라는 아빠의 말씀도 잘 이행하는 것이 되는데.

그런데 막상 하회마을 쪽으로 직진하려니까 자꾸만 '병산서원 좌회전'이라고 쓰인 안내판이 마음에 걸렸다. 왼편으로는 이제 막 길을 닦는 중인지 검은빛 아스팔트가 차선 표시도 없이 깔렸는데 이유도 없이 그곳에 자꾸 신경이 쓰였다. 짧은 겨울 해는 한두 시간 후면 서산 뒤로 넘어갈 것 같은데, 이제 하회마을이 눈앞에 있는데, 나는 이유도 없이 병산서원이라는 네 글자에 끌리고 있으니……

"에라, 모르겠다. 원래 여행이라는 것이 이런 거지, 뭐. 하회마을은 나오면서 가 보지, 뭐."

서원이라고는 사회 시간에 배운 주세붕의 '소수서원'밖에 모르는데 이 낯선 곳에서 이름도 처음 듣는 병산서원이라니. 뭐에 끌린 건지 알 수 없지만 하여튼 나는 병산서원으로 길을 잡았다.

병산서원 가는 길은 생각보다 험했다. 좌회전 표지판이 있는 곳에서부터 한 5분쯤은 그래도 아스팔트가 깔려 있어서 걷기가 수월했는데 걷다 보니 이제는 비포장이다. 차가운 겨울 길을 꽤 걸어서인지 갈림길에 이를 때부터 발끝이 얼얼해져 별 느낌이 없었는데, 비포장 길로 들어서니 아무 느낌 없던 발이 조금씩 아프기 시작했다. 아스팔트 도로가 곧게 뻗어 있던 하회마을 가는 길이 자꾸 생각났다.

발은 아파 왔지만 그래도 걷다 보니 운치가 있었다. 걸음을 뗀 내 발걸음 뒤로 잔돌이 굴러가고 MP3를 귀에 꽂고 노래를 흥얼거리며 리듬에 맞춰 걷다 보니, 쌀쌀한 겨울 오후도 어느샌가 친근하게 느껴졌다. 그러다 문득 고개를 왼편으로 돌렸는데 아, 강이 흐르고 있었다. 강은 아주 넓었는데 강물은 그 넓은 강폭의 3분의 1쯤 되는 것 같았다. 강물 주변으로 풀들이 말라 있었다.

고개 위에서 내려다보니 강 주변으로 검은 흙이 기름져 보이는 겨울 들판이 눈에 들어왔다. 여기 들이 영남에서 제일 넓은 들녘이라던 아까 그 트럭 할아버지의 말씀이 떠올랐다. 이어폰을 귀에서 떼니 노랫소리가 작아졌다. 어디선가 새 울음소리가 났다. 이 조용한 겨울 낙동강 변에 나 혼자 있구나. 이상하게도 마음이 편안해졌다.

다리를 두드리며 잠깐 숨을 돌리는데, 먼지를 일으키며 차 한 대가 고개를 올라온다. 아까처럼 차를 얻어 타 볼까? '아씨오, 차!'

그저 마음속으로 주문을 걸었을 뿐인데 차가 옆에 와 서더니 스르륵 유리창이 내려갔다.

"니 어데 가노? 이 안에는 서원밖에 없는데. 니 혹시 민박집에 가나?"

뜻밖에도 아줌마였다. 참, 우리 엄마도 운전하시지.

"아니요, 저는 여기 여행하는 중인데요, 그냥 병산서원 구경 좀 하려고요. 저, 괜찮으시면……"

"야야, 타라. 고개 내려갈라믄 니 다리 아프데이. 일로 온나."

괜찮으면 좀 태워 주시겠냐고 묻기도 전에 아줌마가 오른쪽으로 고개를 돌려 차 문을 연다.

"니 학생이가? 어예 병산서원을 다 찾노, 정초부터. 그것도 혼자서?"

"예, 그냥 여행 왔는데 병산서원에 한 번 가 보고 싶어서요. 아줌마도 서원 가세요?"

"어데. 나는 서원 옆에서 민박집 한다. 신정이라 큰집에 갔다가 인자 집에 안 오나. 정초에는 민박 손님도 없고. 근데 니 이 시간에 여길 들어오면 어데서 잘 낀데? 시내까지는 못 갈 낀데?"

"네, 아직……."

"그라믄 오늘 밤은 우리 집에서 자고 내일 나가래이. 우리 아아하고 같이 자믄 될 끼다. 정초부터 니 같은 학생한테 장사하기는 그렇고, 그냥 친척 집 온 거그치로 우리 집에서 하루 자라. 괘안치, 민규야?"

"내는 괘안타."

뒷좌석에서 소리가 났다. 비로소 돌아보니 초등학교 4, 5학년쯤 되어 보이는 남자아이가 앉아 있었다. 나와 눈이 마주치자 씩 웃어 주는데 그 얼굴이 귀엽다.

"보일러 틀고 밥이라도 앉힐라믄 시간이 쪼매 걸리니까네 민규

니가 형아 구갱 좀 시키 주라."

차 문을 열고 내리며 아줌마가 말했다.

차에서 내리며 주변을 둘러보니 강이 바로 내려다보인다. 새로 주차장을 만들었는지 굵은 자갈들이 바닥에 깔렸고, 그 아래로 낙동강이 오후 햇살을 받아 아름답게 빛나고 있었다. 강 건너로는 산 하나가 든든하게 서 있는데 그 모습이 우람하고 듬직해 보였다.

"행님아, 온나."

민규가 부르는 소리에 고개를 돌려 보니 민규 뒤로 기와집들이 보였다. 산등성이를 따라 옛날집들이 마치 계단처럼 뻗어 있었다.

"행님아, 저게 병산서원이다. 이리 오바라."

민규를 따라 병산서원 옆으로 담을 따라 올라갔다.

"행님아, 저기 저 계단 쫌 봐라. 저게 여기서 제일 희한한 기다."

민규가 가리키는 곳을 쳐다보니 강이 잘 보이는 곳에 누각이 서 있었다. 그 누각에 오르는 계단이 보통의 계단들처럼 얄팍하지 않고 마치 두툼한 옛날 책들 같은 모습을 하고 있었다.

"여름에는 교수님들하고 선생님들하고 저기 올라가서 공부도 하고 그란다. 밤에는 우리 집에 와서 자고. 그때가 우리 엄마는 제일 바쁘다. 그 선생님들하고 교수님들하고 다 우리 집에서 밥을 묵거든."

"너도 저기 가 봤니?"

"웅, 여름에 저기 앉아서 강 보믄서 공부하만 지인짜로 공부 잘 된다. 옛날 선비들도 그랬다 카드라."

"그런데 여기는 어떤 데야? 병산서원이 어떤 곳이야?"

"행님은 그런 거 모르고 여기 온 기가? 그란데 어예 여기로 왔노? 진짜 신기하네. 여기는 서애 어르신을 모신 서원이다. 진짜 모리나?"

오경이가 준 파일에서 병산서원이란 자료를 보기는 했지만 그다지 끌리지 않아서 아직 읽어 보지는 않았던 터다. 사실 읽어 본 거라고는 기차 시간이랑 버스 노선표, 그런 정도밖에 없지만…….

"하기는 도산서원이라믄 몰라도 병산서원을 어예 알겠노? 내는 여기 사니까 알지만. 그자?"

어린 녀석이 남의 무안함을 가려 줄 줄도 알고. 민규가 귀여웠다.

"서애 선생님은 류자, 성자, 룡자를 쓰시는데 퇴계 어른의 제자 가운데 제일 유명한 분이라 카드라."

서애 류성룡? 퇴계 이황이야 들어 본 이름이지만 서애 류성룡은 처음이다. 이 곤란한 장면을 어떻게 벗어날까 고민하는데 특이한 것이 마침 눈에 들어온다.

"민규야, 저건 뭐야? 꼭 달팽이 같네?"

"아, 저거? 저거는 벤소다. 화장실."

서원 옆으로 돌무덤 같은 것이 있었다. 달팽이처럼 뱅글뱅글 안으로 말려 들어간, 위가 뚫린 이글루 같은 것이 화장실이라니. 호기심에 한 발짝씩 안으로 들어가 보니 커다란 통에 나무 두 짝을 얹은 것이 정말 화장실이었다. 밖에서 누군가 안으로 들어가도 안에서 일 보던 사람이 기척만 하면 서로 무안하지 않게 상황을 모면할 수 있는 특이한 구조였다. 밖에서 안을 훔쳐보기에는 높이가 높고, 안에서 갑갑함을 느끼기에는 위가 뚫려 시원한, 독특한 화장실이었다. 이런 희한한 화장실을 만난 것만으로도 일단 병산서원행은 탁월한 선택이었지 싶었다. 아, 비가 오는 날은 우산을 받쳐 들어야 하는 어려움이 있겠구나, 하하.

마당쇠를 찾는 법

2

마당쇠를 찾는 법

아줌마는 이불을 넣어 주면서 방바닥을 손으로 한번 쓸어 보고는 "안 춥겠제? 잘 자그래이." 이렇게 말하고 다른 방으로 가 버렸다. 아줌마가 켜 놓은 텔레비전 소리 말고는 바람 소리가 가끔 들릴 뿐, 민규의 작은 방도 이제 조용해졌다. 오늘은 힘든 하루였다.

"행님아, 내일은 어데 갈라꼬?"

"글쎄……. 하회마을에 아직 못 들어가 봤으니 내일은 거기부터 가 볼까?"

"나도 나중에 행님처럼 혼자 여행 다니면 좋겠다. 멋지다아이가."

"멋있기는 뭐가 멋있냐? 근데 저거는 누구 책이야? 설마 민규 네 것?"

"어데? 아, 저거? 내가 어예 저런 어려운 책을 읽노?"

"그래, 보기에도 어려워 보인다. 그래도 너 안동 사는데 한문은 줄줄 읽어야 하는 거 아니냐?"

"헤헤. 내가 한문 잘 읽으면 행님이 민망할 낀데."

"짜식."

"여기 병산서원에 손님들이 안 오나. 근데 그 손님들이 거진 다 공부하는 사람들이다. 교수님도 있고 대학생도 있고. 여기 오면 우리 집에서 다 밥 묵고 자거든. 여기 있다 가면서 기념이라고 내한테 저런 책들을 하나씩 주고 간다. 내보고 어예 저런 책을 읽으라는 건지."

"네가 저런 거 잘 읽을 것같이 생겼나? 하하. 근데 이건 네 사진이네?"

"서원 앞에 서 있는 거를 대학생 형이 찍어 주드라. 뭐라 카드라? 사진 찍고 금방 나오던데. 사진 마르라고 막 흔드니까 사진이 또렷해지든데……. 진짜 신기하데."

"아, 폴라로이든가 하는 거구나. 이거 내가 가져도 돼?"

"그래, 기념으로 형 가지라. 내 잊아 묵으믄 안 돼."

"당근이지. 근데 사람들이 책이랑 사진, 이런 거를 너한테 선물해 주고 가니?"

"헤헤. 그래서 내는 책 같은 거 말고 다른 거 선물해 달라 안 카나."

"다른 거? 뭐?"

"도산서원."

"도산서원?"

"그래, 도산서원."

"도산서원이라니?"

"행님은 모리나. 만 원짜리는 세종대왕, 천 원짜리는 도산서원."

"그럼 돈을 달라고 한단 말이야? 그건 좀 그렇다."

"어데. 돈 달라 카믄 우리 엄마한테 내 죽는다. 그게 아이고 천 원짜리에 사인해서 달라 카지. 그거 모아 놓은 거 보여 주까?"

민규가 내민 상자에는 천 원짜리가 한 30장은 들어 있었다. 살펴보니 한 장 한 장 정말 이름과 날짜가 쓰여 있었다. 종이돈에 사인이라니.

"언제 텔레비전 봤더니 거기서 외국 사람들끼리 헤어질 때 동전을 바꾼다 카길래, 나는 내 식으로 그래 하는 기다. 안 좋나, 안동 온 김에. 병산서원이 아니어서 좀 그래도."

"야, 생각해 보니 그러네. 너 머리 좋다. 참, 그러고 보니 천 원짜리에 그려진 게 도산서원이었네."

"몰랐나 배? 우와, 그카믄 그 앞에 그려진 사람이 퇴계 어른인 것도 모리겠네?"

"아, 그랬지. 사실 별로 신경을 안 써서. 세종대왕 말하면서 만 원짜리 얘기는 해도."

"그카믄 행님 니는 천 원짜리에서 마당쇠도 못 봤겠네?"

"마당쇠? 여기 마당쇠가 있어?"

"카마. 마당쇠 말고 행랑아범도 있데이."

달중이는 천 원짜리 한 장을 집어 들어 마당쇠를 찾기 시작했다. 종이돈에 그려진 기와집들 사이로 난 작은 길을 따라 나무 몇 그루

사이사이를 훑으며 마당쇠를 찾다 보니, 소풍 가서 보았던 창경궁처럼 지폐 속의 기와집들은 단정하게 서 있었다.*

"어휴, 눈 아파라. 도대체 어디 있냐, 마당쇠는."

"아직도 못 찾았나. 내는 아는데."

"나는 눈이 아파서 이제 더 못 찾겠다. 빨리 알려 줘, 민규야."

"내는 모린다. 메롱."

"야, 민규, 너!"

"행님아, 그카믄 행랑아범은 관두고 마당쇠 찾는 법만 아리켜 주까? 쉽다. 마당을 잘 보믄 된다."

눈도 아프고, 추운데 한참을 걸은 탓인지 졸립기도 해서 사실 썩 마당쇠를 찾고 싶은 기분은 아니었다. 그 지폐 속 작은 그림에서, 게다가 그림 속 마당을 잘 뒤져서까지 마당쇠를 찾고 싶지는 않아서 달중이는 그냥 이불을 뒤집어썼다.

"에고, 나도 모르겠다. 나는 졸려서 마당쇠 찾는 것은 내일로 미뤄야겠다. 민규야, 잘 자라. 마당쇠 네놈도."

달중이는 까무룩 잠이 들었다.

민규는 개밥 준다고 수선을 피우고 있었다. 달중이는 그런 민규를 놔두고 배추 된장국에 밥을 말아 후루룩 먹고는 혼자 병산서원으로 나갔다. 강가의 키 큰 나무는 밤사이 더 씩씩해진 것 같고, 아침 안

개가 피어오르는 낙동강도 어제보다 더 멋있어진 것 같았다. 그러나 아침이어서 그런 건지 아니면 동장군도 힘이 세져서 그런 건지, 하여튼 어제보다 날도 더 차가웠다. 그래도 달중이는 이렇게 차가운 겨울 아침이 맘에 들었다.

강을 등지고 서원을 바라보니 아름다웠다. 산세를 따라 계단처럼 한 줄로 서 있는 옛날집들이 아침 안개 속에서 신비로워 보였다. 언제쯤이었을까. 몇백 년 전의 어떤 사람들도 이런 겨울 아침에 나처럼 서원 앞에 서서 낙동강을 바라보았겠지. 그 사람은 누구였을까. 여기서 공부하던 선비? 과거를 준비하고 있었을까? 어쩌면 가난한 집 장남이었을지도 몰라. 아니지, 부잣집 도령이 공부하러 이리로 유학 온 것일 수도 있지. 그 선비도 저 누각에 올라 이 낙동강을 보며 이런저런 생각을 했을까?

어제는 병산서원이라는 이름만 겨우 알았는데 그래도 민규 덕에 이제는 병산서원이 서애 류성룡을 모신 서원이라는 것도 알게 되었다. 서애 류성룡이라는 사람이 퇴계 이황의 제자라는 사실도.

반쯤 마르고 반쯤 언 풀들을 밟으며 서원 주위를 돌아보고 나오니 저만치 자전거 한 대가 뉘어져 있다. 앞에 까만색 바구니가 달린 은빛 자전거였다. 그 사이 누가 온 걸까? 주변을 둘러봤지만 아무도 보이지 않았다. 고개를 갸웃거리며 달중이는 그 달팽이처럼 생긴 화장실로 들어갔다.

바지 지퍼를 올리며 뱅글뱅글 돌아 화장실을 나오는데 아이고 부끄러워라, 웬 여자아이 하나와 눈이 딱 마주쳤다. 여자애는 자전거를 일으키는 중이었다. 그냥 화장실에서 나오다가 마주쳤어도 창피했을 텐데, 칠칠치 못하게 바지 지퍼를 올리면서 걸어 나왔으니 이게 웬 망신이냐.

"풋."

여자애가 웃었다. 얼굴이 화끈거리는 것이 느껴졌다.

"니는 눈데?"

여자애가 당돌하게 물어 왔다.

"어……."

"화장실은 누구나 다 간다. 부끄러워하지 마래이."

'그 말이 날 더 부끄럽게 한다, 이 계집애야.' 목구멍으로 한마디를 삼키고 달중이는 어색하게 인사를 했다.

"어, 나는 권달중이라고, 여기 여행 왔어. 너는 여기서 뭐 하니?"

"응, 나는 병산서원 잘 있나 보러 온 거야."

"서원이 잘 있나 보러 왔다고? 넌 집이 이 근처니?"

"아니, 여기 안교에 고모네 놀러 왔다가……. 고모네 오면 나는 꼭 여기 오거든."

처음의 사투리는 어디 가고, 이제 여자애는 서울 말씨다.

"안교? 아, 나 어제 거기 안교 사거리에서 내렸는데."

"맞아, 거기. 거기서 자전거 타고 여기까지 아침 운동 삼아 서원 잘 있나 보러 온 거야."

여자애의 손에는 하얀색 벙어리장갑이 끼워져 있었다. 겨울 아침에 자전거를 탄 때문인지 그러고 보니 코끝도 얼어 보였다.

"너는 달중이랬지? 하하, 특이한 이름이다. 나는 고미영이야. 이제 고등학생 된다. 너는 몇 살이니?"

"나도 고등학교 가는데. 근데 너 왜 사투리 안 쓰니? 아까는 사투리 쓰더니."

"뭐? 하하하. 나, 학교 방송반이거든. 그래서 서울말 연습도 좀 했어."

"그렇구나. 반갑다, 미영아."

"행님아! 어, 누나야, 왔나?"

민규가 나오다가 알은체를 한다.

"잘 있었나? 아줌마도 안녕하시고? 서원 다 보고 안 그래도 인자 인사하러 갈라 캤다."

미영이는 다시 사투리였다.

"가자, 누나야."

민규 방에 셋이 앉으니 방이 꽉 찼다. 아침에 끓인 숭늉을 호호 불어가며 마시던 미영이가 달중이에게 말했다.

"그런데 너 진짜 웃긴다. 여기가 어느 어른을 모신 서원인지도 모르면서 무작정 왔단 말이야? 아니지, 안동을 온 이유부터 우습다. 류시원 팬이 등 떠민다고 오냐? 너 진짜 웃긴다."

"좀 그렇지? 하하."

머리를 긁적여도 무안하기는 마찬가지였다. 그래도 셋이 둘러앉아 한 이불에 발을 묻고 떠는 수다라 그런지 썩 기분이 나쁘지는 않았다.

"류시원네 본가가 하회에 있긴 하다더라. 나도 가 본 건 아니고. 나는 여기 안교 오면 병산서원 보고 가기 바쁘거든."

"그래? 너도 좀 특이하다. 네가 안 둘러봐도 서원이 어디 도망가겠냐? 잘 있겠지."

"누나가 퇴계 어른 후손이라 그런갑다. 꼭 서원을 살피는 기, 무슨 선비 같다아이가. 누나는 나중에 시인이 되고 싶다 그캤지?"

"그래? 민규 말이 맞아? 너 퇴계 이황 후손이야? 그리고 정말 시인이 꿈이야?"

"야, 맞먹어라, 퇴계 이황이 뭐냐, 퇴계 이황이. 퇴계 어른, 그러면 몰라도."

"어, 맞나 보네. 야, 그런데 넌 왜 이씨가 아니고 고씨냐?"

"우리 엄마가 진성 이씨야. 아빠는 고씬데 엄마가 이씨야. 외가가 퇴계 어른 집안이다 이거지."

"누나 엄마는 토계리에서 민박집 하신다. 열화민박이라고 디게 유명하다."

"민박집?"

"어, 우리 집 같은 민박 겸 식당이 아니고 진짜 민박만 하는데, 도산서원이나 그런데 찾아온 사람들만 받는다더라. 그 사람들한테 조상 자랑도 하고 그란다 카드라. 맞지, 누나야."

"너, 오늘은 우리 엄마한테 안 갈래? 병산서원 돌아보러 온 거 얘기하면 우리 엄마가 아주 예뻐해 주실걸?"

그렇게 해서 둘째 날 숙소는 열화민박으로 정했다. 미영이는 다시 자전거를 타고 안교까지 가기로 하고, 달중이는 민규네 아줌마 일 보러 가시는 차를 얻어 타고 안교 미영이네 고모 집으로 가기로 했다. 갑자기 온 것이긴 했지만 그래도 문득 병산서원과 조용히 이별하고 싶다는 마음이 들었기 때문이다.

"이따 보자."

하얀 모자에 하얀 목도리를 하고 미영이가 바구니 달린 자전거를 탔다. 하얀 벙어리장갑이 도드라져 보였다. 명랑하고 씩씩한 아이였다, 미영이는.

미영이가 떠나가고도 달중이는 바로 출발하지 못했다. 일보러 가기 전에 정리할 것이 있다는 아줌마 때문이기도 했지만, "머스마야, 쿰쿰한 냄새 난다. 빨리 안 씻나!" 하는 아줌마의 벼락에 민규가 씻으러 들어갔기 때문이 더 컸다. 뭘 그리 꼼지락거리는지 민규가 다 씻고 출발하려면 아마도 저녁을 먹고 길을 나서야 할 것 같았다.

기왕에 다 싸서 어깨에 짊어진 배낭을 다시 내려놓기도 뭐해서 달중이는 그 차림 그대로 다시 서원 앞으로 나갔다. 아침보다는 바람이 덜 매웠다. 다음에 일부러 여길 다시 오게 될까? 괜히 아쉬움과 서운함이 밀려들었다. 난생처음 혼자 찾아온 낯선 곳. 그래도 여기 와서 혼자 뭔가를 알아 가는 것 같아 달중이는 갑자기 어른이 된 기분이었다.

서애 류성룡을 모신 서원이라고 했지? 류성룡이 퇴계 이황의 제자란 말이지? 퇴계 이황의 수제자라면 이를테면 예수님으로 치면 베드로인 셈이군. 좋아, 이번에는 열화민박에 들렀다가 퇴계 이황의 유적들도 돌아봐야겠군. 도산서원 정도면 되겠지? 근데, 서원이랑 서당이랑 다른 건가? 헷갈리네. 가만, 도산서원이…….

주머니를 뒤적거려 천 원짜리를 꺼내 든 달중이는 어젯밤에 찾다 만 마당쇠도 찾을 겸 유심히 들여다보았다. 종이돈 속의 도산서원은 어둔 밤 전등불 아래에서 보던 것과는 또 달랐다. 어쩌면 마당쇠를 찾을지도 모른다 싶어 달중이는 더욱 집중해서 그 그림을 들여다보았다.

그 순간 획 바람이 불어왔다. 갑자기 불어온 겨울바람에 손에 들고 있던 지폐가 날아가기 시작했다. 당황한 달중이가 날아가는 지폐를 겨우 잡은 곳은 달팽이 화장실 바로 앞이었다. 지폐에 묻은 흙을 후후 불어 떨어내며 도산서원을 어루만졌다.

"어딜 가? 난 도산서당에 가고 싶은데. 바로 여기."

손가락으로 도산서원 그림을 어루만지던 달중이는 갑자기 심한 어지러움을 느꼈다. 달팽이 화장실을 따라 자신도 빙빙 도는 것 같았다. 너무나 어지러워 달중이는 가만히 서 있을 수가 없었다.

"아……."

결국 달중이는 쓰러지고 말았다.

시간이 얼마나 흐른 걸까. 마침내 달중이가 정신을 차렸다. 그러나 달중이는 다시 한 번 기절할 것 같았다. 도무지 여기가 어딘지 알 수 없었기 때문이다. 도대체 어떻게 된 일이야? 아까의 그 달팽이 화장실이 보이지 않는 것이었다. 아니, 그 화장실이 보이지 않는 것은 둘째 치고 여기가 어딘지 알 수가 없었다. 달중이는 흙담 아래에 쓰러져 있었던 것이다.

사실 흙담이 아닌 것도 같았다. 흙을 바른 벽과 나무 기둥, 그리고 흙바닥이 눈에 들어왔다. 주변을 살펴보니 달중이가 쓰러져 있는 곳은 한옥 한 귀퉁이였던 것이다. 여기가 어딜까? 왜 여기에 이런 모습으로 있는 거지? 왜 쓰러졌던 걸까? 잠시 정신이 없던 달중이는 곧 벽 너머에서 들려오는 낮은 목소리에 귀를 기울였다.

"처음 이곳에 올 때 묵었던 그 마음을 가지게. 그래야 하네."

“예, 스승님. 잠시나마 스승님 마음을 어지럽혀 지가 죄송합니더.
죄송합니더, 스승님.”

“죄송하기는. 아닐세. 안 그래도 자네가 처한 상황이 늘 마음 쓰
였다네. 이런 어려움도 다 자네에게는 공부가 될 것이니 마음을 다스
리고 공부에 힘쓰게.”

“예, 스승님. 그럼 지는 그만 나가 보겠심더.”

말이 끝나자 달중이가 어떻게 할 틈도 없이 방문이 열리고 한 남
자가 나왔다. 뒤로 물러나며 방문을 닫던 남자가 달중이를 보자 흠
칫 놀랐다. 달중이도 놀라 어쩔 줄 모르고 있는데 갑자기 남자가 달
중이 팔을 잡더니 조용히 하라고 손짓하며 달중이를 잡아끈다.

어떻게 해야 할지 달중이가 채 판단하기도 전에 남자는 그 억센
손으로 달중이 팔을 잡고는 집 뒤 수풀 속으로 냅다 달린다. 중심을
못 잡고 비틀거리던 달중이도 엉겁결에 남자를 따라 뛰다시피 걷기
는 했으나 지금 상황이 어떤 상황인지는 도저히 가늠할 수가 없었다.
반은 걷고 반은 미끄러지면서 달중이도 남자를 따라 수풀 속으로
달렸다. 나뭇가지에 옷 긁히는 소리가 났다.

“아저씨, 지금 뭐 하시는 거예요? 이 손 좀 놓으세요.”

“조용히 하고 얼른 따라오니라. 입 다물어라.”

“예? 아이 참, 아저씨. 손이라도 좀 놓으세요. 손목 아파요.”

“니가 내 말을 들어야 목숨을 부지한다. 입 다물고 얼른 따라오

니라.”

얼결에 한참 숲으로 따라 들어간 뒤에야 아저씨는 달중이 손을 놓았다. 그러고 보니 아저씨는 사극에나 나올 법한 복장을 하고 있었다.

“니도 거기서 왔제? 그 이상한 곳에서 왔제?”

“네? 이상한 곳이라뇨? 여긴 도대체 어딘가요? 아저씨는 누구세요?”

“여기는 예안이다. 아까 네가 있던 그곳은 도산서당이고. 니는 어디서 온 기고?”

“예? 여기가 도산서당이라구요? 여기가요?”

“그래, 예가 도산서당이다. 우리가 스승님을 모시고 공부하는 곳이다. 니는 어디서 왔노? 아니지, 니도 이상한 곳에서 온 게 틀림없다. 니도 그 사람같이 희한한 복색을 한 걸 보이까네.”

“이상한 곳이요?”

그러고 보니 아저씨 옷차림은 너무 낯설었다. ‘대장금’에서 보았던 그런 현대적인 한복이 아니고, 민속박물관 같은 곳에서 보았던 옛날 옷 그대로였다. 머리에 갓 같은 것도 쓰고 있고 어딘지 몸가짐도 낯설기만 했다. 그러고 보니 갓치고는 챙이 좀 좁은 것도 같았다.

“사실 저도 지금 어떻게 된 건지 모르겠어요. 갑자기 정신을 잃은 것 같은데 정신을 차려 보니 여기 와 있었어요. 여기는 도대체 어딘가요? 제가 왜 여기 온 거지요?”

“내도 잘 모린다. 내도 니가 어예 여기까지 온 긴지 알 수가 엄다. 내는 니가 누군지도 모린다. 그러나 분명한 기는 니도 전에 왔던 그 사내와 같다는 기다. 같은 데서 왔을 기라는 기다.”

“전의 그 사내요?”

“그래, 지난가을에 여기 왔던 그 사내 말이다. 그 사내도 니그치로 그런 복색을 하고 있었다. 그 사내캉 니캉 지금 똑같다.”

“그분은 지금 어디 계세요? 그분을 만나면 될 것 같아요. 지금 어디 계세요?”

“지금 그 사람은 여기 엄다. 어디로 갔는지는 내도 모린다. 하기사 그런 일을 겪었으니…….”

“네? 그런 일이라니요? 그럼 지금 여기 안 계시다구요?”

“그래. 그래서 내가 니도 조용히 해야 목숨이라도 부지한다 안 카드나.”

“무슨 일이 있었는데요? 어떻게 된 건데요?”

“자, 찬찬히 얘기하자. 일단 네 그 의관부터 바로 하고.”

아저씨가 달중이의 아래위를 훑어보며 말씀하셨다. 그러고 보니 달중이는 땀을 흘리고 있었다. 아까는 어리둥절해서 몰랐는데 지금 정신을 차리고 보니 날씨가 너무 더웠다. 아니, 정확히 말해서는 입고 있는 옷이 너무 두꺼웠다. 지금 여기에는 민규네 민박집 앞 낙동강 가에서 맞던 차가운 겨울바람이 아니라 봄기운이 완연한, 어쩌면 초여름에나 불 법한 따스한 바람이 불고 있는 것이다.

그제야 주변 풍광이 달중이 눈에 들어왔다. 아저씨 손에 이끌려 뛰다시피 오느라 못 보았는데 다시 보니 숲은 푸르렀다. 나무들도 앙상하게 말라 버석거리는 겨울나무가 아니라 물이 올라 윤기가 도는 여름을 앞둔 나무들이었다. 발밑으로 보랏빛 꽃이 보여 달중이는 흠칫 놀라며 발을 치웠다.

"병아리꽃 아이가? 요새는 지천으로 피는데."

"이거요? 우리는 이걸 제비꽃이라고 하는데."

"그카나? 병아리꽃, 씨름꽃, 앉은뱅이꽃 그래 부르는데."

"저희는 이걸 제비꽃이라고 하는데……. 어, 여기 흰색도 있네."

쪼그리고 앉아 흰색 꽃을 들여다보는 달중이를 보고 처음으로 아저씨가 웃는다.

"어린 순은 나물로도 묵고, 황달이 있을 때는 약으로도 쓴다. 이질이 돌 때는 저기 애기똥풀도 약으로 쓰고."

"애기똥풀이요?"

아저씨가 손으로 가리킨 곳에는 노란 꽃들이 피어 있다. 무릎 정도나 될까, 꽃은 그리 큰 키도 또 작은 키도 아니었는데 노란색이 아주 선명했다.

"애기똥풀을 뿐지르머 젖 같은 즙이 나온다. 볼래?"

아저씨가 꽃 하나를 골라 그 줄기를 살짝 꺾으니 정말 노란 즙이

나온다.

"이 꽃 이름이 애기똥풀이었구나. 보기는 많이 봤는데."

"인제 꽃은 그만 보고 어서 그 옷부터 좀 벗어래이. 덥지도 안나 배."

그제야 달중이는 입고 있던 오리털 파카를 벗었다. 여행을 떠나기 전날 세탁소에서 찾아왔던 깔끔했던 파카가, 정신을 잃고 쓰러지면서 묻은 흙에, 아저씨 손에 끌려 달리면서 스쳤던 나뭇가지들에 지저분해졌다.

"색이 참 곱네. 남색 같기는 한데 그거하고는 또 다르네. 그때 그 사람은 붉은색 옷을 입고 있었는데. 너거들 세상은 색깔을 참 잘 만드나 보다. 명주도 아닌 거 같은데 어예 이리 빛이 희한하노."

참, 꽃을 볼 때가 아니었다. 지금 여기가 어딘지, 또 가을에 왔었다던 그 아저씨는 누구인지 그것을 먼저 알아야 했다.

"아저씨. 그런 일이란 게 뭐예요? 그 아저씨는 또 어떻게 되신 거고요?"

"아, 말할라믄 길다. 우선은 내가 다시 가 봐야 하니까 니는 여기 가만히 있어래이. 사람들 눈에 띄믄 큰일이다. 알겠제? 아니다, 여기보다는 저기가 좋겠다. 이리 오니라."

다시 아저씨가 팔을 잡아끈다. 달중이도 얼결에 아저씨를 따라 움직였다. 얼마 걷지 않아 나타난 바위 곁에서 아저씨가 걸음을 멈춘다.

"여기 이 틈에 있어래이. 사람들 눈에 띄믄 니는 큰일이데이. 절대로, 절대로 저 아래로 내려오지 말고. 알겠제? 시장하고 목이 갈해도 참아래이. 내가 이따 봐서 묵을 기랑 물이랑 쪼매 가져올꾸마. 으이?"

몇 번이나 다짐하고 아저씨가 갔다. 아까 그 집으로 가는 것 같았다. 가면서도 연신 고개를 돌려 달중이를 보면서 숨으라고 손짓이었다. 너무나 걱정스러운 눈빛으로 주변을 두리번거리기도 하면서 아저씨가 나무들 사이로 멀어지고 나자 달중이는 갑자기 두려워졌다. 어딘지도 알 수 없는 곳에 갑자기 뚝 떨어지다니.

민규가 다 씻고 나오면 아줌마 차로 안교로 갈 생각이었다. 가서 미영이 고모와 함께 미영이네 열화민박으로 갈 생각이었다. 분명히 차가운 겨울바람에 코가 시린 아침이었는데 지금 달중이는 제비꽃이며 애기똥풀이 피어 있는 초여름의 숲에 서 있다. 도대체 어찌 된 일인지. 생각을 정리해야 했다.

이렇게든 다시 그곳으로, 아니 집으로 가야지. 자, 차분히 생각해 보자. 지금 이 상황이 어떤 상황인지 머리를 비우고 가만히 생각해 보자. 아까 나는 민규네 앞에 있었다. 아니, 정확히는 병산서원의 그 달팽이 화장실 앞에 있었다. 거기서 뭘 했지? 아, 바람이 불어왔지. 나는 천 원짜리를 꺼내 들고는 마당쇠를 찾고 있었는데. 그 돈 속에 그려진 마당쇠를 찾고 있었는데. 아, 그러다가 바람이 불었지. 맞아, 천 원짜리가 날아가고. 그래, 그래서 그걸 잡으려고 내가 허둥댔지. 맞아, 그러고는?

그 순간이었구나, 내가 쓰러졌던 것은. 그런데 왜 쓰러진 거지? 그리고 이곳은? 다시 한 번 생각해 보자. 자, 심호흡하고…… 다시 생각해 보자, 천천히. 후우…….

나는 바람에 날아가는 천 원짜리를 잡으려고 허둥대다가 달팽이 화장실 앞에서 쓰러졌었다, 그런데 지금 여기는 도산서당이다? 그리고 금방 그 아저씨의 옷차림이나 자세는 우리 사는 세상의 것과는 다르다. 그렇다면 지금 여기는?

세상에나. 정말로 타임머신이라도 탄 듯, 내가 지금 여기 와 있다는 말인가? 그렇다면 여기는 도산서원? 아까 그 아저씨는 누구지? 그 방에 있던 그 스승님이 그럼 퇴계 이황? 이런 영화 같은 일이 내게 일어나다니. 나는 그다지 이 시대에 와 보고 싶지는 않았는데. 나는 별로 역사에도 철학에도 관심이 없는데. 아니, 관심은 둘째 치고 이황에 대해 썩 알고 싶지도 않았는데. 그럼 나는 어떻게 해야 하는 거지? 집에 돌아갈 수 없는 건가? 여기 온 방법을 알아야 집으로 가는데. 어떻게 여기 오게 된 건지 나는 모르는데, 그럼 나는 여기서 영원히 살아야 하나? 엄마, 아빠도 못 만나고? 몇백 년이나 거슬러 올라온 이 시점에서 살아야 한다고? 오경이도, 희찬이도, 진섭이도 못 만나고, 아무도 아는 사람 없는 이곳에서? 아니, 여기는 다 한문만 쓰지 않나? 나는 한자도 모르는데…….

아예 이쪽으로 길을 잡지 말았어야 했다. 그냥 설악산이나 이런 델 갈걸, 뭐 대단한 체험을 하겠다고 안동을 찾아온 건지. 그러지만 않았어도 이런 황당한 일은 당하지 않았을 텐데. 아니, 애초에 여행이니 뭐니 혼자 떠난 것이 잘못이었다. 남들처럼 고등학교 공부나 준비하면서 입학을 기다릴걸, 뭐 큰 경험을 하겠다고 여행을 떠난 건지. 등 떠민 아빠와 엄마, 오경이까지 모두 다 너무나 원망스러웠다.

달중이는 어깨에 메고 있던 배낭을 열었다. 갈아입을 옷들과 챙겨 왔던 세면도구들, 그리고 수건 몇 개가 보였다. 오경이가 챙겨 줬던 안동에 대한 파일들과 민규의 사진은 다시 갈 수 없는 곳에 대한 그리움을 더 강하게 했다. 이럴 줄 알았으면 가족사진이라도 한 장쯤 가지고 다닐걸.

안동 오면서 열심히 듣던 MP3도 틀어 보았다. 김광석 목소리가 들려 왔다.

'파란 하늘이 유난히 맑아서……'

이모가 애지중지하던 동물원 1집을 우연히 들은 뒤부터 달중이는 김광석 목소리에 푹 빠져 버렸다. 김광석 목소리는 그냥 사람의 목소리라기보다는 뭔가 울림이 한 겹 더 있는 그런 깊은 목소리였다. 영화 〈공동경비구역 JSA〉를 보면서 듣던 그 '이등병의 편지'며 지금 MP3에서 흘러나오는 '새장 속의 친구' 모두 그렇게 좋아하며 듣던 노래였는데, 김광석의 이 노래를 몇백 년이나 거슬러 올라와 들으리라고는 꿈에도 생각지 못했다. 그렇지, 꿈에도 생각지 못한 것이 당연한 일 아닌가.

달중이는 바지 주머니를 뒤적여 천 원짜리 지폐를 꺼냈다. 아까 바람에 날려 갈 뻔했던 그 천 원짜리였다. 바람에 날아가도록 그냥 놔둘걸, 괜히 잡으려고 하는 바람에 지금 이런 지경에 놓였다고 생각하니 달중이는 어이가 없었다. 바로 어젯밤 마당쇠를 찾겠다고 천 원짜리를 뚫어져라 바라본 일이 아주 오래전 일인 것 같았다. 어제 그렇게 도산서원 그림을 뚫어져라 바라보던 그때는 오늘 이때쯤 내가 이렇게 도산서원에 와 있게 될 줄 어찌 알았을까. 그 종이돈 속에는 여전히 도산서원의 그림과 퇴계 이황의 모습이 또렷했지만, 이 종이돈이 지금 여기서는 무슨 의미가 있는지.

생각할수록 기가 막혔다. 어떻게 이곳에 왔는지도 알 수 없었지만, 앞으로 일어날 일들도 전혀 알 수가 없었다. 머리를 쥐어뜯고 싶을 정도였다. 눈에서는 눈물이 절로 나오고, 여기서 만나게 된 이 낯선 환경에 어떻게 맞춰 나가야 할지 눈앞이 캄캄했다.

나 권달중이 어떻게, 왜 여기 이렇게 있는 것인가?

이 책의 초판이 발행될 당시 1000원짜리 지폐에는 도산서원이 그려져 있었으나, 2007년부터 발행된 현재 지폐에서는 도산서원 그림이 명륜당으로 대체되었다. 신권 뒷면에는 겸재 정선의 〈계상정거도〉가 실려 있는데, 〈계상정거도〉에서도 도산서당이 아닌 계상서당을 그리고 있다.

낯선 세계로

3

낯선 세계로

주먹밥 두 덩이와 표주박에 담은 물 한 그릇을 들고 아저씨가 다시 찾아온 것은 머리 위의 태양이 한풀 꺾인 오후 무렵이었다. 춥지는 않았지만 불안함과 두려움 때문에 달중이는 조금씩 떨고 있었다. 따사로운 햇살과 부드러운 바람도 느낄 수가 없었다. 앞으로 어떻게 해야 할지 막연하기도 하고, 게다가 허기까지 져서 달중이는 거의 탈진 상태였다. 그러나 아저씨가 내려놓은 주먹밥과 물도 생각처럼 선뜻 입에 댈 수가 없었다. 우선은 아저씨와 이야기를 하는 것이 더 급했기 때문이었다.

"그 아저씨는 어떻게 되었어요? 그런 일이란 게 뭔가요?"

아저씨를 보자마자 숨차게 물어 오는 달중이를 향해 걱정스러운 눈빛을 보내던 아저씨가 드디어 입을 뗐다.

"우선 물이라도 좀 마시그라."

"예, 아저씨. 그런데 아저씨, 저는 이제 어떻게 해야 하지요? 제가 다른 곳에서 왔다는 아저씨 말씀이 무슨 뜻인지 이제 알겠어요. 그러니 아저씨, 도와주세요, 아저씨."

"마음을 편안히 묵꼬. 자, 마음을 가라앉히그라."

팔을 잡고 매달리는 달중이를 다시 앉히며 등을 토닥이던 아저씨도 털썩 풀 위에 앉았다. 잠시 달중이의 기색을 살피던 아저씨가 한참 만에 입을 열었다.

"그 사내는 가을쯤에 왔었다. 내도 우연히 그 사내를 본 기다. 나는 막 정우당(淨友塘) 쪽으로 들어서고 있었고 마침 서생 두 사람은 소요음영(逍遙吟詠)하다가 서당 옆길로 내려오던 중이었구마. 그런데 웬 사내가 부엌 앞에 쓰러져 있었던 기라. 서생들과 내가 놀라 눈이 마주치는 순간 그 사내가 깨어났다. 사내는 붉은 옷을 입고 있었는데 우리가 입는 옷과는 다르게 생겼어. 바지통도 좁고. 뭣보담도 머리가 너무 짧은 것이 아주 해괴했다. 봇짐 같은 것을 메고 있었는데 머리에 쓴 관도 우리네 관과는 다른 기드라."

그때를 떠올리는지 아저씨가 잠시 말을 중단했다.

"그 사내도 퍽 놀란 눈치드라. 우리 의관이며 수염이며 머리에 쓴 관이며 다 훑어보는데 어리둥절한 거 같기도 하고 믿기지 않는 거 같기도 하고. 서생 하나가 물었지. 누군데 여기 이러고 있느냐고. 그랬더니 그 사내가 대뜸 여기가 도산서당 맞느냐고 안 하나. 그 언동이 아주 낯설기는 했지만, 일단은 맞는다고 내가 고개를 끄덕이니까네 그 사내가 그러는 기야. 여기가 정말 퇴계 이황이 공부하던 도산서당 맞느냐고. 그게 사단이었다. 우리 서생 하나가 얼굴빛이 변함서 스승의 함자를 함부로 입에 올리는 너는 누구냐며 호통을 쳤거든. 그런데 그 사내가 실성한 사람처럼 웃더니 그카는 기야. '내가 진짜 도산서당에 왔구나! 나는 이제 퇴계 이황을 만날 수 있어!'"

말하기가 거북한지 수염을 쓰다듬던 아저씨는 잠시 멈춘 이야기를 이어 나갔다.

"내 참, 스승님의 함자를 함부로 입에 담으려니 민구스럽구마. 하여튼 그 사내가 자꾸 스승님의 함자를 함부로 부르니까 서생 하나가 드디어 화를 냈어. 니는 누구냐꼬, 여기서 뭘 하고 있느냐꼬. 안 그래도 짧은 머리며 이상한 복색이 해괴하기 이를 데 없는데 그 사내가 언행까지 곱지 않으니 서생 낯빛이 확 변했지. 그랬더니 그 사내가 말하는데 그 말을 알아 묵을 수가 없는 기라. 지는 어디 무슨 세상에서 왔다는 둥 이동이 어떻다는 둥 평소에 우리 스승님을 만나고 싶었다는 둥."

달중이는 어떤 이야기인지 알 것 같아 고개를 끄덕였다.

"그런데 그 서생들 가운데 성미가 침착지 못한 이가 한 사람 있었거든. 안 캐도 늘 그 때문에 마음공부를 더 하라고 스승님께 걱정을 듣던 서생인데, 그 서생이 갑자기 분을 내면서 그 사내를 쫓아내는 기라. 이곳에서 당장 나가라믄서 니그치로 예의도 모르는 사람이 있을 곳이 아니라믄서 막 그 사내를 밀친 기라."

"예? 그래서요?"

"그래서는 뭐. 그 사내는 마구 쫓기어 이 숲으로 달아나고 서생들은 농운정사(濃雲精舍)로 들어갔지. 들어가면서 내보고 그라데. 스승님 걱정 끼치지 않도록 입조심하라꼬. 마침 스승님께서 청량산에 가시고 안 계셨거든. 내는 알겠다 캤지."

"그래서 그 아저씨는 어떻게 되었어요? 그 후는 모르세요?"

"어데. 그카고 나서 내는 절우사(節友社)로 갔다. 스승님이 몸소 가꾸시는 화단인데 혹 잡풀이나 뽑을까 하고. 그런데 이래저래 내가 화단을 둘러보고 나오는데 그 사내가 그새 다시 나타난 기라. 그카더니 이상한 상자를 눈에 대더니 번쩍 빛을 낸다아이가. 그 상자로 서당 여기저기를 겨누더니 번쩍번쩍 빛을 내는 기라. 스득스득 소리도 내고. 내는 너무 놀라서 고함을 마구 질렀지. 내 고함을 듣고서 농운정사에 있던 서생들이 다 뛰쳐나온 기라. 내가 지르는 소리에 그 사내도 깜짝 놀라고. 그카더니 갑자기 그 상자를 내한테 겨누드마는 그 스득스득하는 이상한 소리를 내는 기라. 얼매나 놀랐는지."

정말 아저씨는 많이 놀랐었는지 손바닥에 배어난 땀을 바지에 문지르며 잠시 숨을 돌렸다.

"그 사내가 내한테 이상한 물건으로 공격하는데 마침 서생들이 온 기라. 그래서 아까 그 성미가 덜 침착한 서생이 이분에는 힘으로 그 사내를 민 기라. 그 사내는 나쁜 게 아니라면서 뭐라 카는데 그거는 잘 모리겠고. 하여튼 그 서생을 필두로 우리가 그 사내를 떠밀고 내쫓았는 기라. 그날, 이 서당이 얼매나 어지러웠는지 모린다. 담 밖으로 쫓겨난 그 사내는 다시 안으로 들어올라꼬 뭐라 계속 말을 하는데 서생들이 눈 하나 깜짝 하나. 그러는데 한 서생이 그러는 기라. 관에 알리는 게 우떻냐고. 머리 모양을 보아하니 절에서 내려온 것 같기도 한데 이상하니 관아에 알리는 게 우떻냐고. 설왕설래도 그런 설왕설래가 엄다. 하이고, 무시라."

아저씨가 진절머리를 쳤다.

"그라는데 한 서생이 괜히 작은 일을 크게 만들지 말자꼬, 우리 스승님한테 혹시 누라도 되믄 우짤라 카냐믄서, 어차피 절에서 내려온 사람이머 다른 곳도 기웃거리지 않겠느냐고, 그라믄 누군가 또 관에 안 말하겠냐고 안 캤나. 그래서 우리도 그냥 조용히 넘어가는 게 낫겠다 싶었제."

"그럼 그 아저씨는 그 후로 못 보신 거예요?"

아저씨가 갑자기 목소리를 낮췄다.

"어데. 그날 밤에 내캉 딱 부닥쳤다아이가."

"그날 밤에요?"

"그래. 날이 저물고 서생들이 다 자리에 들었는데 내는 관란헌(觀瀾軒)에 나와 있었다."

"관란헌이요? 거기가 어딘데요?"

“우리 서생들이 묵는 농운정사에 마루가 두 군데 있거든. 한쪽은 주로 공부할 때 쓰는 시습재(時習齋)고, 다른 한쪽은 쉬기도 하고 자연을 완상하기도 할 때 쓰는 관란헌인데 그 밤에 내가 그 관란헌에 나와 있었던 기라.”

“그 밤에요?”

“그래. 우야튼 가을 아이가. 귀또리도 울고 가을 달도 휘영청 밝고. 참말로 내한테는 과분한 시간이었지. 경(敬) 공부하기에 그만한 시간이 또 없다 싶었단다. 그래서 우리 스승님도 청량산행을 하신 게 아닌가 싶더구마.”

“그런데요?”

“그런데 발소리가 들리는 기라.”

“발소리요? 그럼 그 아저씨가 오신 거예요?”

“그래, 괭이그치로 살금살금. 내는 낮의 그 일에 앙심을 품고 우리 서생들을 해코지하러 온 기라 생각을 했제. 그래서 그 사내를 덮쳐야겠다고 작심을 하고서는 마루 아래로 살짝 숨었다.”

“그 관란헌 아래요?”

“글치. 내가 몸이 좀 재빠르단 말이다. 살짝 숨어서 틈을 보고 있는데 그 사내가 오더니 이 관란헌에 오르는 기라. 그카더니 좀 전의 내그치로 거기 서서 낙동을 바라보는 기라. 달도 한 번 쳐다보고 물도 한 번 쳐다보고 그카는 기라. 그라더니 무신 홍이 돋은 사람처럼 가슴을 쓸어내리기도 하고."

"해코지하러 온 게 아니었나 봐요?"

"그라이카니. 거기 가만히 서서 마치 우리 서생들 하는 거그치로 그카는 기야. 그라더니 시습재로 안 올라가나."

"맞은편에 있다는 그 마루요?"

"그래. 그카더니 거기 앉아서는 글을 읽는 거그치로 몸을 이리저리 흔들다가 고개도 끄덕이다가 그카네. 딱 실성한 사람그치로."

"공부하는 거를 흉내 내신 거 같네요?"

"그란 거 같더라. 가을밤에 그 무신 야단이고. 내가 우째야 하는지 판단을 몬 하고 있는데 그 사내가 일어서더니 다시 서당 쪽으로 올라가데. 그래 내도 얼른 따라갔제."

"서당에서는 어떻게 했어요?"

"아무케도 안 하더라. 농운정사에 올 때 이미 서당은 들러서 온 모양이라. 서당 앞에 오더니 다시 자기가 쓰러져 있던 부엌 앞으로 가데. 그카더니 등에 짊어진 봇짐에서 뭔가를 꺼내더니 그걸 들여다보믄서 중얼중얼하는 기라. 계속 쉬도 않고 그카데."

"그래서요? 그래서 어떻게 됐어요?"

"그런데 뭔가 뜻대로 안 되는 눈치더구마. 몇 번이고 그카더니 갑자기 당황한 기색인 기라. 어찌할 바를 모르는 것 같기도 하고. 그카더니 땅을 주먹으로 꽝꽝 치며 안 된다꼬 몇 분이나 그카데. 숨어서 보고 있는 내도 조마조마했지. 안 된다꼬 하는 소리가 점점 커졌거든. 서생들이 깰까 봐 얼매나 조심스럽던지. 그래서 결국엔 내가 나섰다. 나서서 도대체 뭐 하는 긴지 물어 봤다아이가.”

“뭐 하는 거였대요?”

“자기가 있던 곳으로 갈라 카는데 그기 안 된다꼬 그카데. 사실 그게 무신 소린지 잘 이해가 안 되길래 그기 무신 소리냐꼬 내가 묻는데, 그런데 그때 막 서생들이 깨나서 이리로 온 기라. 와서는 내캉 그 사내캉 이야기를 하는 걸 보더니……”

아저씨의 낯빛이 어두워졌다. 뭔가 좋지 않은 일이 있었던 모양이었다.

“하여튼 그 바람에 내도 쫓기 가고 그 사내도 어디론가 도망을 쳤다. 그 밤으로 내는 여길 떠나야 했으니까 그 후의 일은 잘 모리고. 그래 된 기다.”

“아저씨는 왜요? 아저씨는 왜 쫓겨 가셨어요?”

달중이의 질문에 아저씨가 빙긋 웃더니 툭툭 털며 일어섰다.

“내는 서생이 아이거든. 그기 다다. 자, 이제 니를 우짤지 생각해 보자.”

“서생이 아니라니요?”

달중이도 따라 일어서며 말했다. 잠시 말이 없던 아저씨가 달중이를 물끄러미 바라보다가 천천히 대답했다.

　"원래 내는 공부할 자격이 엄다. 내는 양반이 아이거든. 내는 스승님이 풍기 군수로 오싰을 적에 백운동서원에서 스승님을 처음 뵈았다. 내가 오미 가미 서원을 출입하다가 또 오미 가미 서생들 공부 소리를 귀동냥하고 있었는데 그걸 스승님이 보신 기라. 그카시더니 내를 부르시고서는 내게 우째 살아야 하는지, 공부를 왜 하는지, 그런 거를 가르쳐 주싰다아이가. 내 같은 기를 제자로 삼아 주신 기다 말이다. 스승님이 안 계싰으머는 이런 세계가 있는 줄도 모르고, 이래 좋은 공부를 해 보도 못 하고 평생 살았을 기 아이가. 우리 스승님은 내게 부모님 이상이시다."

　"그래서 서생들이 양반이 아니라고 아저씨를 쫓아낸 거예요?"

　"내는 풍기 사람이거든. 풍기 살면서 혼자 공부하다가 모르는 기 있거나 스승님을 뵙고 싶으머 여기나 계상서당이나 온다아이가. 내 오면 스승님은 그저 '왔나.' 이 한마디뿐이시지만 내는 스승님을 뵙기만 해도 마음이 정갈해지면서 삶이 바뀐다아이가. 내는 스승님이 안 계신 세상은 생각도 몬 한다."

　"그런데 왜 서생들이……."

　"그거는, 스승님께서는 내를 잡지는 않으셔도 막지도 않으시는데, 서생들은 좀 다를 기 아이가. 서생들은 모두 양반인데 내 같은 사람이 어울려 공부할라 카믄 싫겠제. 스승님 앞에서야 내색을 않지만도 그기 마음까지는 되겠나. 아까도 그런 서생들의 태도 때문에 내가 힘들어서 하직 인사를 드리러 갔는데 스승님께서 처음 묵었던 마음을 잊아 묵지 말라고 하시는 바람에……. 하여튼 그때도 스승님은 청량산 가고 안 계시고, 그런데 그런 일이 있으니까 수상한 자와 내통한다고 내를 몰아냈제. 그칼 수 있지, 그칼 수 있어.”

“그랬군요. 그럼 그 아저씨는요?”

“모리겠다. 내는 그 밤으로 풍기로 떠나야 했으니까 그 사내가 어예 됐는지는 모르제. 얼마 뒤에 내가 다시 예안에 왔을 때도, 또 그 후에도 그 사내에 관한 얘기가 한 번도 나온 적이 없으니까 그냥 조용히 수습했나 보다 하제.”

“그래서 아까 저를 보자마자 이리로 데려오신 거군요?”

“그래, 니가 서생들이나 스승님 눈에 띄면 우째 될지 모르니까 일단은 몸을 숨기는 게 좋을 끼다 싶었제. 그란데 니는 도대체 어데서 온 기고? 우째 된 연유고?”

“사실 저도 잘 모르겠어요.”

문득 달중이는 암담한 기분이 들었다.

“제가 아는 거는 하나뿐이에요. 뭔가 이상한 일이 제게 생겼다는 거. 제가 살던 그 시대보다 몇백 년이나 거슬러 와서 지금 여기 있다는 거.”

“그 사내도 그런 비슷한 소리를 했는데 내는 지금도 도저히 알 수가 없다. 니나 그 사내나 도대체 무슨 말을 하는 건지 그거는 모리겠고. 그래, 니는 우짤 낀데?"

"글쎄요. 제가 지금 뭘 할 수 있을지."

"아직 밤에는 추운데 여기서 노숙을 할 수는 엄고, 그래서……."

아저씨가 말끝을 흐렸다. 그러나 달중이에게는 지금 아저씨 말고 도움을 청할 곳이 아무 데도 없었다.

"그래서 뭐요, 아저씨? 저는 아저씨가 도와주시지 않으면 아무것도 할 수가 없어요. 그래서 뭐예요? 제가 어떻게 할까요?"

"일단은 서당으로 가자. 가서 거기서 지낼 길을 찾아보자. 그카고 나서 니가 온 곳으로 돌아가든지 다른 곳으로 가 보든지 하자. 그랄라믄 니 의관부터 바로 하자. 그런 차림으로 다니며 니는 당장 관아에 끌려갈 끼다. 그카니까 우선 이 옷으로 갈아입고."

아저씨가 품속에서 옷 한 벌을 꺼냈다. 요즘의 한복과는 디자인도 좀 다르고 천도 별로 빳빳하지 않은 초라한 옷이었다. 해가 기우는 중이어서 주변은 조금씩 서늘해지고 있었다. 달중이는 아저씨가 가져오신 옷으로 대충 갈아입고는 입고 있던 옷을 개어 배낭 속에 넣었다.

"그 봇짐은 가져가지 말자. 우리 쓰는 거 하고는 너무 다르다. 저기 저쪽으로 숨기 놓고 가자."

아저씨가 가리키는 곳은 아까 달중이가 숨어 있던 바위틈이었다. 바위틈에 가방을 숨겨 두고는 풀로 잘 덮으니 일단 가방은 꼼꼼하게 감추어졌다. 배낭을 두고 나오려니 그 속에 담긴 사진이며 지갑, MP3 따위가 마음에 걸리면서, 김광석의 목소리가 귀에 들리는 듯하면서, 어쩌면 다시 돌아갈 수 없을지도 모르는 두고 온 세상에 대한 그리움이 가슴 속에 차오르면서 달중이는 잠시 마음이 무거워졌다.

"인자 니 머리를 우째 해 보자. 우리캉은 머리가 너무 달라서 그것도 금세 표가 난다아이가."

붉어진 눈시울을 옷소매로 한 번 문지르고 고개를 돌려 보니 아저씨가 바지춤에서 뭔가를 꺼낸다. 헝겊에 돌돌 만 것이었는데 꺼내 놓고 보니 칼이었다. 우리가 쓰는 부엌칼이나 연필 깎는 칼과는 다르게 생긴 데다 아저씨가 손에 쥐니 잘 보이지 않을 정도로 자그마했다.

"이걸로 니 머리를 좀 잘라야 되겠네. 어차피 긴 머리는 안 되이까네 머리를 대충 잘라 놓고는 절에서 내려온 사람이라고 하자. 삭발했던 머리가 자란 것처럼 보이는 기 좋겠다. 이리 오그라."

아저씨는 칼을 많이 만져 본 듯 능숙하게 움직이더니 달중이 머리카락을 군데군데 잘라냈다. 바보 분장을 한 개그맨 같은 모습일 거라는 생각이 잠깐 들었지만 이내 지금이 얼마나 난감한 상황인지에 생각이 미치자 달중이 얼굴은 금세 어두워졌다.

"자, 이 정도면 산에서 내려온 사람 같네. 그카고 이제부터 니는 벙어리로 살아야 한데이."

"벙어리요?"

"그래. 니 말투며 언행이 우리캉은 너무 다르다아이가. 금방 표가 난다. 그카이까네 벙어리 행세를 하그라. 그카고 만약 용수사에서 사람이라도 온다모 니는 산에서 온 기 아니라는 기 금세 밝혀질 꺼아이가."

"용수사요?"

"그래, 우리 도산서당을 지을 때도 용수사 법련 스님이 일을 도맡아 했거든. 2년 만에 입적하시긴 했지만. 하여튼 우리 스승님은 불교와도 관계가 원만하시니까 니를 산에서 온 벙어리로 소개하믄 별 문제가 없을 것 같다."

"도산서원을 스님들이 지었어요?"

"도산서원이 아니라 도산서당이다. 서원은 아까 백운동서원 얘기했잖아. 그거랑 헷갈리나 보네. 백운동서원은 이제 소수서원이 됐는데."

"아닌데, 우리는 여길 도산서원이라고 하는데. 저도 서원이랑 서당이랑 다른 건가 같은 건가 그러고는 있었지만."

"도산서원? 그래? 우째 그라지? 여기는 도산서당인데……."

아저씨가 고개를 갸웃하더니 갑자기 명쾌하게 말했다.

"후대에는 여기를 도산서원이라 칸다고? 그라믄 뭐꼬, 우리 스승님이 졸(卒)하신 후에 여기에 모신다는 말이가. 그래 되네, 얘기가."

"졸하시다뇨?"

"졸 모리나? 돌아가신다는 뜻이다. 그카니까 지금은 우리가 서

당이라고 부르지만 나중에 스승님이 안 계실 때는 스승님을 예 모시

놓고 제사도 지내고 하이까, 또 여기서 서생들 공부도 하이까 여기를

서원으로 하나 보네, 똑 소수서원그치로."

"아, 그런가 봐요. 그런데 이 도산서원, 참 도산서당을 절에서 지

었단 말씀이세요?"

"하모. 원래 우리 스승님은 용수사와 관계가 깊으시다. 스승님이

열두 살 되시던 때부터 용수사와 인연을 맺으있다 카드라. 스승님의

부친과 숙부님, 또 여러 집안 어른들이 모두 용수사에서 공부하있다

카지? 여기 서당을 지을 때도 그래서 그 용수사 법련 스님에게 부탁

을 하시던 모양이다."

"예, 그러면 저는 이제 저 아래 가서 어떻게 하나요?"

"일단 우리 스승님께 인사를 하자. 내가 절에서 온 것 같은데 말

을 몬 한다고 말씀을 드리꾸마. 이제 곧 여름이 되니 한동안은 스승

님도 여기 계실 기고, 그 후의 일들은 또 천천히 생각하믄 안 되겠

나. 가서 물 긷고 마당 쓸고 그런 일이라도 하믄서 방법을 찾아보자.

알겠제?"

갑자기 눈물이 나올 것 같았다. 영문도 모른 채 이 낯선 곳에 뚝

떨어진 거며, 이렇게 머리를 싹둑싹둑 자른 거며, 또 벙어리 노릇을

하며 살아갈 거며, 무엇보다 언제 다시 엄마, 아빠 곁으로 돌아가게

될지 알 수가 없는 거며. 코를 훌쩍이며 팔뚝으로 눈가를 쓱 문지르

는 달중이를 보고 아저씨가 측은한지 등을 두드려 주었다.

"방법이 있을 기다, 방법이. 장가갈 나이인데 울기는 와 우노. 참, 니 올래 몇 살고? 뭐라고 부르노?"

"저는 권달중이고요, 올해 열일곱 살입니다."

"열일곱? 봐라, 장가갈 나이지. 내 어떻게든 도와줄 끼니까 잘 참아 보자. 알겠제?"

달중이가 고개를 끄덕이자 아저씨도 함께 고개를 끄덕이더니 달중이 팔을 잡았다.

"그라믄 이제 가 보까? 자, 가자."

"저, 아저씨."

앞장서서 몇 걸음 나가는 아저씨를 달중이가 불러 세웠다.

"와?"

"아저씨 성함도 알려 주세요. 아직, 아저씨 성함도 모르잖아요."

"내? 하하. 내는 그저 배가다. 그냥 배씨 아저씨라 부르믄 된다. 아, 아니제, 니는 지금부터 말을 몬 한다아이가. 부르지 말그라. 그카고 그냥 눈만 찡긋해라. 알았제? 자, 가자."

그 분을 뵙다

4

그 분을 뵙다

배씨 아저씨가 달중이 손을 끌고 간 곳은 도산서당 바로 곁의 개울 너머였다. 개울이라도 한걸음에 훌쩍 넘을 수 있는 도랑 정도였는데, 그 너머에 화단이 있었다. 여기가 아저씨가 말씀하셨던 절우사인 모양이었다.

절우사에는 몇 가지 꽃과 나무들이 자라고 있었다. 꽃 이름, 나무 이름을 다 알 수는 없었지만, 얼핏 보아도 대나무와 소나무는 알 만했다. 국어 시간에 배웠던 송죽(松竹)의 절개가 생각나면서 그래서 여기 이름이 절우사인가 하는 생각이 얼핏 머리를 스쳤으나 곧 눈앞의 할아버지가 구부렸던 허리를 펴고 등을 돌리시는 바람에 달중이 는 얼른 마른침을 꿀꺽 삼켰다.

"오, 자넨가? 무슨 일인가?"

배씨 아저씨를 보고 조용히 말씀을 건네시는 할아버지가 달중이를 한번 쳐다보셨다. 할아버지는 얼굴은 좀 마른 편인 데다 코 밑과 턱 쪽으로 하얀 수염이 길게 자라 있었다. 천 원짜리 종이돈에서 보았던 그 모습과 비슷한 것 같기도 하고 다른 것 같기도 했다. 이분이 퇴계 이황이란 말인가. 이번에도 달중이는 이 상황을 실감할 수 없었다.

"예, 스승님. 예전에 저희 동네에서 본 적이 있는 사람인데 아까 보이까네 이 부근에서 배회하고 있길래 제가 데려왔습니더. 머리가 짧은 것이 절에서 내려온 모양입니더. 눈치를 보니 주리고 목마른 듯한데 스승님, 우짤까예?"

"일단 요기를 하게 해 주게나. 그래, 집은 어디고?"

할아버지가 달중이에게 물으셨다.

"스승님, 야는 말을 몬 합니더. 전에 저희 동네에서도 그저 심부름이나 도와주며 밥을 얻어 묵었는데……. 그래도 말을 알아듣기는 하는 것 같심더."

할아버지의 눈에 얼핏 안타까움이 스쳤다. 그러나 곧 가라앉은 목소리로 말씀하셨다.

"그라믄 우짜꼬. 어데 갈 데도 없겠네. 자네 생각은 어떤가?"

"예, 이제 곧 여름이니 한뎃잠을 자도 되기는 할 텐데 그래도 밥 묵을 기 걱정입니더. 스승님께서 허락해 주시머 여기서 마당이나 쓸고 심부름이나 도우면서 지내믄 우떨까 싶은데예."

"그런가? 그럼 그렇게 하시게."

"고맙습니더."

아저씨가 환하게 웃으며 인사하는 것을 보고 달중이도 꾸벅 인사를 했다. 할아버지는 조용히 미소를 띠시더니 다시 등을 돌리고 고개를 숙여 잡풀을 골라내기 시작했다.

아저씨가 눈짓하시기에 달중이는 얼른 아저씨를 따라 다시 도랑을 건넜다. 자그마한 집이 한 채 서 있었다. 이리저리 살펴보니 마루 옆 기둥에 한문으로 네 글자가 새겨진 나무판이 걸려 있는데, 다른 글자는 몰라도 두 번째 글자가 뫼 산(山) 자인 것으로 보아 달중이는 그 글자들이 아마도 '도산서당'일 것이라 짐작했다.

"여기가 서당이다. 스승님께서 거처하시면서 서생들과 공부하시는 곳이제."

서당을 둘러보는 달중이에게 아저씨가 말씀하셨다. 그러고 보니 아까 이 서당의 왼쪽 귀퉁이쯤에서 정신을 차렸던 것도 같다. 그때는 정신이 없어서 그냥 지나쳤지만 지금 다시 보니 집이 생각보다 작았다. 오른쪽으로 마루가 한 칸 있고 왼쪽으로는 방이 딸려 있는데 전체를 다 합쳐도 달중이네 서른두 평 아파트의 거실보다 작은 것 같았다. 천 원짜리에 그려진 도산서원은 그래도 제법 규모가 있어 보였는데 막상 서당을 보니 그렇지 않아서 달중이는 조금 당황했다.

"이리 온나."

서당 아래 비스듬히 오른쪽으로 아저씨가 달중이를 끈다. 지나면서 보니 서당은 세 칸짜리였다. 제일 오른쪽에 마루, 가운데에 방,

그리고 왼편으로 작은 쪽방이 하나 있는데 부엌으로 보기에는 좀 좁고 그저 불이나 때면 적당할 정도의 공간이 하나 더 있었다. 놀랍게도 진짜로 도산서당은 자그마했다.

"여기가 농운정사다. 서생들이 묵으면서 공부하는 곳이제."

아저씨가 이끄는 곳으로 발을 들여 놓았다. 첫눈에도 두 개의 마루가 눈에 들어왔다. 마루 위에는 갓을 쓴 두 사람이 이야기를 나누고 있었는데 달중이와 아저씨를 보자 의아한 눈빛으로 이들을 쳐다봤다. 아저씨가 고개 숙여 인사했다.

"저 사람은 누군교?"

달중이를 보며 그 중 한 사람이 말했다.

"예, 예전 저희 동네에 살던 사람인데 벙어리라예. 우연히 여기서 만났길래 당분간 여기서 같이 지낼라꼬예."

"같이? 그래, 스승님께 말씀은 하셨는가?"

"예, 스승님이 그카라 하시네예."

"어험."

아저씨의 대답에 한 사람이 대답 대신 헛기침을 한다. 얼핏 보기에도 아저씨보다는 나이가 한참 어려 보이는데 말투나 대하는 것이 아랫사람에게 하듯 했다. 아무래도 무언가 불편한 기색이다. 모든 것이 자기 때문인 듯해 달중이는 마음이 편치 않았다.

"자, 저리로 가 보자. 니는 저쪽에서 지내게 될 끼다."

아저씨가 목례를 하고 거기서 나오자 달중이도 인사를 하고 따라나섰다.

"스승님께서는 우째 저런 사람을 그냥 두시는지 모르겠네. 게다가 벙어리는 또 뭡니꺼?"

"글쎄 말이요. 스승님은 스승님이시지만 스승님께서 내색을 안 하신다고 끝까지 붙어 있는 기는 또 뭡니꺼? 하여튼 천한 사람한테는 곁을 열어 주머 안 됩니다, 안 돼요."

아저씨와 달중이의 등 뒤로 서생들이 나누는 말이 들려 왔다. 달중이네를 신경 쓰지 않고 말하는 것인지, 아니면 일부러 들으라고 말하는 것인지 그 사람들은 별로 주의하는 것 같지가 않았다. 서생들의 말을 들으며 아저씨를 흘긋 보니 아저씨가 어색하게 웃는다. 달중이는 분노로 얼굴이 화끈거리는 것 같았다.

"이리 온나."

아저씨와 농운정사를 끼고 도니 건물 뒤편으로 흙으로 만든 아궁이 같은 것이 있고 그 앞에서 두 사람이 졸고 있었다. 나이 들어 보이는 사람 하나와 젊은 사람 하나, 그렇게 두 사람이었는데, 앞의 마루에 앉았던 사람들이 갓 쓴 선비였다면 이 사람들은 그 하인쯤 되어 보였다.

"보소, 분이 아배요."

아저씨가 그 중 한 사람을 흔들며 말했다. 그 소리에 잠을 깬 남자는 나이가 많은 쪽이었다. 잠을 깨면서 흠칫 놀라는 것 같더니 배 씨 아저씨를 보고는 다시 긴장이 풀어지는 듯, 어깨가 처졌다.

"와요?"

"여기 좀 보소. 이 사람 좀 맡아 주소."

아저씨의 이야기에 분이 아배라고 불린 그 사람이 그제야 달중이를 바라본다.

"눈데요? 이 아아는 누군교?"

"우리 동네에서 한두 번 보던 사람인데 이 근처에서 만났길래 한동안 예 있기로 했소. 그냥 분이 아배나 삼돌이 도와주믄서 밥술이나 얻어 묵구로 해 주소. 말은 몬 해도 다 알아는 듣는다아임니꺼."

"근데 머리는 와 그래 짧은데요?"

어느새 잠에서 깬 젊은 사람이 물었다. 이 사람이 삼돌이인 모양이었다.

"말을 몬 하니까 우째 된 일인지는 몰라도, 머리가 저리 짧은게로 절에서 내려왔나 싶지요. 내도 잘 모릅니더."

아저씨가 대충 둘러대고는 달중이를 바라보았다.

"야야, 인사 안 하고 뭐 하노."

아저씨의 말씀에 달중이는 깜짝 놀라 분이 아배라는 사람과 삼돌이라는 사람에게 고개를 숙였다.

"그라머 이름도 모리겠네. 뭐라 부르꼬? 머, 그냥 '보소' 하머 되겠네."

삼돌이가 달중이를 쳐다보며 말했다. 달중이는 조그맣게 고개를 끄덕였다.

"그라지요. 내도 얼매나 더 있을까 몰라도 우리 서방님이 가시는 날까지는 내가 봐주께요. 배씨는 가서 공부나 하소."

분이 아배가 말했다.

"그라이소. 가서 공부나 하이소. 이 아아는 우리가 봐주께요."

삼돌이도 분이 아배를 따라 대답하는데 어째 그 말투가 조금 귀에 거슬렸다.

"그라머 부탁합니더. 내도 할 게 좀 있어가지고. 그럼 또 보자, 야야."

아저씨가 달중이를 남겨 놓고 농운정사 앞쪽으로 돌아갔다.

"이리로 앉그라."

지금부터 진짜 혼자구나. 달중이는 자기 목으로 마른침 넘어가는 소리를 들으며 아궁이 앞쪽 흙바닥에 주저앉았다.

"하이고, 지가 무슨 공부고. 웃긴다카이. 보소, 절에서 온 거 맞나?"

아저씨 사라진 쪽을 보며 침을 탁 뱉던 삼돌이가 이번에는 달중이에게 얼굴을 들이대며 물었다.

일순 당황했지만 달중이는 못 들은 척 가만히 있었다. 삼돌이가 다시 한 번 얼굴을 들이대며 물었지만 달중이는 그저 고개를 숙이고

만 있었다. 몸이 조금씩 떨리는 것 같았다.

"춥나 보제? 이리 온나."

분이 아배가 팔을 뻗어 달중이를 아궁이 쪽으로 끌어당긴다. 아직 여름이 아니어선지 오후가 되면서 조금 추운 듯도 했다.

"배 안 고프나? 오늘은 마님께서 떡하고 주먹밥을 보내 주셔서 그걸로 저녁을 먹었거든. 그래서 우리가 좀 한갓지다아이가. 니도 이거로 요기나 해라."

분이 아배가 주먹밥을 한 덩이 준다. 아까 배씨 아저씨가 가져온 것도 이것이었다. 달중이는 배가 고프기도 했지만, 또 뭘 물어볼까 봐 아무 소리도 안 하고 주먹밥을 먹기 시작했다.

일단 노숙을 면하기는 했지만 이런 낯선 곳에서 이러고 있는 내 신세라니. 다른 사람도 아닌 나에게 이런 기막힌 일이 일어나다니. 나는 그저 말 잘 듣는 평범한 학생인데. 교회도 열심히 다니고 엄마 시끄럽다는 헤비메탈도 안 듣고, 학교에서도 조용히 있는 착한 사람인데. 아파트 경비 아저씨에게도 인사 잘하고, 학원 선생님에게도 반말 안 하고, 숨어서 담배 한 번 피운 적 없는 착실한 학생인데. 잘못이 있다면 호기심에 희찬이랑 맥주 두 번 마셔 본 것뿐인데. 아, 문제집 산다고 돈 받을 때 조금 부풀린 것도 있구나. 그래도 이런 일은 너무 가혹하다. 이런 낯선 곳에 뚝 떨어지다니, 영화도 아니고 어떻게 이런 일이 생겼을까. 아, 애초에 안동으로 오는 것이 아니었는데. 다시 눈물이 날 것 같았다.

"내는 얼마 안 있다가 집에 갑니더."

달중이가 주먹밥 먹는 것을 바라보던 삼돌이가 뜬금없이 말했다.

"집에 갔다가 다시 영주로 갑니더. 우리 서방님은 인자 거기 서당에서 과거 준비를 하신다 카데요. 거기는요, 절에 불목하니그치로 밥해 주는 찬모도 있다 카데요. 지도 인자는 좀 편해질 끼라예."

"야, 이 녀석아. 종놈이 편하머 얼매나 편하다꼬 그카노. 서방님 따라댕기믄서 밥 좀 하고 수발 좀 드는 게 뭐 그리 힘드노. 그래도 서방님 덕에 우리가 이런 데도 안 와 보나. 그란데 너거 서방님은 와 영주로 가신다노? 우리 서방님은 그래도 저 어르신 밑에서 공부하는 기 진짜 행운이라고 얼매나 좋아하시는데."

"말이야 바른 말이지, 사실 저 어른이야 인자 한물 갔다아임니꺼. 저 어른 밑에서 공부 백날 해 봐야 어데 과거 준비나 올케 시켜 줍니꺼?"

"예끼, 이놈아. 니 말조심 안 하나? 그래도 나라님이 매번 불러서 큰 베실을 주시는데 저 어르신이 한사코 마다하고 베실길에 안 나가시는 거다, 이놈아. 똑바로 알아라."

"압니더. 아는데요, 와 학문이 그래 크다면서 베실을 안 하요? 베실을 해도 한두 해 하고 바로 고향으로 와 오십니꺼?"

"문디, 그거는 어르신이 건강이 좋지 못하셔서 그카시는 거 아이

가. 어르신이 예전에 암행어사 하실 때 인귀손이라는 탐관오리를 벌 주라고 나라님한테 글도 올리싰다 카고, 또 풍기 군수 하실 적에도 얼매나 고을을 잘 다스리싰는데. 저 어르신이 얼매나 대단한 분이신 가는 삼척동자도 다 안다. 우리 서방님은 저런 분이 또 어디 계시냐 꼬 날마다 칭송, 또 칭송하시는데."

"저 어른이 난분이라는 기는 누가 모릅니꺼."

삼돌이의 말투가 조금 눅어 있었다.

"내는 지분에 진짜로 놀랐다. 어르신하고 스님하고 서당 앞에 앉 아 계시는데 어떤 사람이 말을 타고 지나간다아이가."

"어른 수발드는 그 스님요?"

"와 아이라. 그걸 보던 스님이 옆에 있다가 어르신한테 그카는 기 야. '어르신이 계시는데 말에서 내리지도 않으니 저 사람 행동이 좀 지나칩니더.'"

"맞네예. 저 어른이 우떤 어른이라꼬. 말에서 퍼뜩 내리갖고 인 사를 올려야지예."

"그랬더니 어르신이 뭐라 카시는가 아나?"

"뭐라 카시는데요?"

"'말 탄 사람이 똑 그림 속의 사람 같구마. 저래 좋은 경치를 더 해 주는데 그기 무슨 허물이 되겠노?'"

"그 어른이 그래 말씀하싰습니꺼?"

“그래. 어르신 마음이 어예 그리 너그러우신지.”

“맞네요. 참, 지는 그 얘기를 들었습니더. 저 어른 둘째 아드님이 일찍 세상을 떠나싰다아잉교? 그런데 그 자부를 개가시키싰다 카데요.”

“누가 카드노?”

“와예, 토끼골 어른 본가에 곱단이한테 들었다아입니꺼. 그 둘째 자부를 몰래 개가시키갖고 그 자부가 어디 가서 잘 산답디더. 양반들이 과부 되믄 평생 수절해야 된다꼬 안 합니꺼. 그런데 그 어른은 그래 안 하싰답니더.”

“그래?”

“하모요. 한참 지나고 그 어른이 한양 가시는 길에 어느 객주에 들렀는데 거기서 나오는 음식이 다 어른 입맛에 딱딱 맞드랍니더. 그래서 참 이상타 했는데 알고 보이 그 개가한 자부가 거기서 살고 있었답니더. 시어른 앞에 부끄러워서 나오지는 몬 해도 음식이라도 정성껏 그리 대접했답니더.”

“그카드나? 진짜 너그러우시제. 아이다, 너그러우시기만 한 기 아이고 참말로 경우가 바르시다, 저 어른은.”

“그거를 누가 모르요?”

“니그치로 삐딱한 놈도, 저 어른 경우 바르신 거는 아나 배?”

“와이라시능교? 곱단이한테 그 이바구도 들었심더. 한양 사실 때 말입니더.”

"베실하러 한양 가싰을 적에?"

"예, 서소문인가 서대문인가 어데 사셨다 안 캅니꺼."

"그래."

"어느 날 곱단 아배가 보니까 어른이 밤을 한 아름 주워가지고 는 옆집으로 던지시더랍니더."

"밤을?"

"예. 그 집 담 밑에 밤이 많이 떨어져 있었다 카데요. 그 밤을 주 워서 옆집으로 던지시더랍니더."

"와?"

"옆집 밤나무가 원체 큰데, 그 밤나무 가지가 이쪽으로 좀 넘어 왔다 카데요. 가을이 되고 그 밤이 벌면은 그 가지에서도 밤이 떨어 질 거 아입니꺼. 그 밤을 다 주워서 옆집으로 던지시더랍니더. 그 밤 을 그냥 주워 묵어도 사실 누가 뭐라 카겠능교. 그런데도 저 어른은 그 밤을 다 주워서 옆집으로 던지시면서 곱단 아배한테도 그리 시키 시더랍니더."

"진짜가? 하여튼 저 어른은 경우가 바르시다카이. 진짜로 난분이 라."

"그기는 맞습니더. 그래도 과거 시험을 맡아 보는 큰 베실을 했 다 카는데 와 제자들한테 그런 공부는 안 시키고 마음공부, 이런 기 만 시킵니꺼. 사실 우리 서방님도요, 여기 영남에서 공부했다믄서 저 어른 밑에서 공부 안 하머 나중에 별로 좋을 끼이 없다꼬 여기까지 오시기는 오시는데예, 과거를 볼라 카믄 과거 준비를 시키 주는 서당으로 가야 한다꼬 그라십니더. 그래서 요번에 여기서 떠나믄 인자는 영주에 있는 그 서당으로 공부하러 가신다 캅니더. 거기는 과거 준비하는 서생들이 그래 많다 카데요. 얼마나 많으며 찬모가 다 있겠습니꺼."

"그런 서당이 있다는 기는 내도 들었다. 이 어르신 자제분과 또 손자분도 그 서당에 다닐라 캐서 어르신이 타이르셨다꼬 우리 서방님이 말씀하셨거든. 아니, 그런 서당에 다녔다 카든가? 하여튼, 이 어르신은 공부는 베실할라꼬 하는 기 아이다, 그카신단다."

"하이고, 어련하실까. 그래서 저 대장장이 배씨도 공부하게 놔두신 기라예? 어차피 베실은 몬 해도 되니까."

"니 와카노. 우리 같은 것들은 공부도 몬 하고 한평생 그래 살지만, 그래도 배씨 같은 사람이 공부도 하고 그카믄 내가 잘은 모르지만서도 우리한테 나쁠 게 뭐 있노? 좋으믄 좋지, 나쁠 게 뭐 있노 말이다."

"내는 꼴같잖아서 그카요. 지가 뭡니꺼? 지도 우리캉 똑같다아 임니꺼? 어쩌다 서원 쫌 들락거맀다꼬 양반그치로 공부를 하요? 우리는 여기서 불때갖고 밥하는데 지는 뭐라꼬 저기서 공부를 합니꺼? 내 참, 더러봐서."

"그라지 마라. 아인 말로 니가 서원을 들락거렸다꼬 저 어르신이 공부할라믄 하라꼬 하시겠나. 공부할라꼬 해도 배씨만큼 좀 머가 있어야 하제."

"관두소. 지가 그래 봤자 대장장이 아이요? 우리 서방님도 배씨 꼴같잖다꼬 얼매나 싫어하시는데요."

"그카지 마라. 니가 그럴 게 뭐 있노? 하기사 우리 서방님도 그거는 마땅찮아 하시드만."

삼돌이를 타이르던 분이 아배가 달중이를 보았다.

"인자 다 묵었나? 그카머 여 있그라. 내는 지숙료(止宿寮) 가서 우리 서방님 주무실 자리라도 봐 드리고 오꾸마."

지숙료가 뭔지 몰라 어리둥절한 달중이를 보더니 분이 아배가 말했다.

"지숙료가 뭔지 모리나? 서방님들 주무시는 방 말이다, 방. 갔다 오꾸마."

달중이에게 물 한 사발을 떠 주고 나서 분이 아배는 농운정사 앞쪽으로 돌아갔다. 혼자 중얼거리던 삼돌이도 분이 아배를 따라나서고 이제 달중이는 혼자 남았다.

어느새 어스름 저녁이었다. 아직은 하늘가가 붉은데 곧 해가 질 모양이었다. 이런 곳에서 자게 될 줄이야. 도저히 이해할 수 없는 일이 일어난 믿기지 않는 하루가 서서히 저물고 있었다.

달중이 마당을 쓸다

5

달중이 마당을 쓸다

그런 좁은 토방에서 새우잠을 자는 일이 난생 처음이던 달중이에게 지난밤은 짧았다. 전기가 없어서인지 사람들은 해가 지자마자 잠잘 준비를 했다. 흙 아궁이 옆으로 난 작은 토방은 세 사람이 눕기에는 조금 좁은 듯했다. 나중에 사람들이 더 많이 이곳을 찾게 되면 아무래도 서생들을 따라온 하인들이나, 서생들의 숙식을 도와줄 사람들을 위한 공간이 필요할 것 같았다.

방에 누워서도 두 사람은 계속 이야기를 나누고 있었다.

"서방님 예 오신 지 이제 달포가 되어 가니, 우리 분이 본 지도 벌써 달포가 지났네. 눈앞에 아른아른한다, 고마."

분이 아배가 말했다.

"분이가 올래 몇 살인교?"

"인자 여덟 살 묵었다. 저분에는 앞니를 뽑았는데 이 빠진 모습도 우째 그리 이쁜고 몰라."

"앞니 빠진 갈가지가 뭐 이쁘다꼬 그랍니꺼. 앞니 빠진 갈가지,

우물가에 가지 마라, 붕어 새끼 놀란다, 노래도 있잖아요?"

"삼돌이 니도 아아 아배가 돼 봐라. 눈에 넣어도 안 아플 끼다."

분이 아배의 이야기를 듣노라니 달중이도 아빠, 엄마가 보고 싶어졌다. 엄마에게 꾸중 듣는 날도 물론 많았지만, 그래도 늘 아빠, 엄마는 달중이 이야기를 잘 들어 주시고는 했다.

목욕탕에 가서 아빠 등을 밀어 드리면 아빠는 그걸 그렇게 흐뭇해하셨는데……. 이제 다시 아빠 등을 밀어 드릴 수 없을지도 모른다고 생각하니 가슴이 저렸다.

너무 많은 일이 일어난 하루와 그 하루 내내 긴장한 탓이었을까? 달중이는 생각보다 쉽게 잠들고 오래 잤다. 새벽 어스름에 누군가 달중이를 흔들어 깨우기까지 달중이는 한 번도 깨지 않았다. 달중이를 깨운 사람은 배씨 아저씨였다.

"우째, 잘 만하드나?"

대답하려는 달중이에게 아저씨가 눈짓했다. 그제야 달중이는 지금 자신이 벙어리 행세를 하는 중임을 기억해 냈고, 그래서 입을 다물고는 고개를 끄덕였다. 다시 긴장해야 하는구나. 달중이가 생각했다.

"분이 아배가 잘 돌봐 줄 끼니까 내 없어도 걱정 말그라. 인제 어서 씻고 해라."

짧게 이야기하고 아저씨는 다시 사라졌다.

아침 식사는 정말 볼품없었다. 〈대장금〉을 보면서 가졌던 옛날 음식에 대한 막연한 동경이 가차 없이 깨지는 순간이었다. 밥상에 오른 것은 잡곡밥에 푸성귀였다. 김치처럼 매운 것도 보이지 않고 된장 한 덩이가 쌈장처럼 상에 올라와 있었다. 그러고 보니 고추가 우리나라에 전래된 것이 겨우 200년 정도밖에 되지 않았다던 국사 선생님 말씀이 생각났다. 매콤한 맛이 우리 음식의 맛이라고 생각했었지만 고추가 들어오기 전의 우리 음식은 별로 맵지 않았구나. 달중이는 그런 생각을 했다.

보기에 간소한 맛은 있었지만 음식 맛은 너무 형편없었다. 푸성귀도 푸성귀 나름이지, 봄동이나 얼갈이 무침 같은 참기름 냄새가 향긋한 그런 푸성귀가 아니라 채소에 소금간만 겨우 한 형편없는 음식이었다. 달중이가 먹은 것이 하인들 음식이어서 그런 것인지 아니면 서당에 따라온 남자 하인들의 솜씨가 없어서 그런 것인지 하여튼 아침밥을 먹기가 쉽지는 않았다.

"니는 그카믄 서당 앞을 좀 쓸어라."

겨우 아침을 먹고 난 달중이에게 분이 아배가 말했다. 분이 아배 손에는 빗자루가 들려 있었다. 빗자루는 전에 종종 보았던 싸리비였다. 그러나 분이 아배가 준 싸리비는 달중이가 보았던 탄탄한 비가 아니라 조금 엉성하게 만들어진 것이었다. 싸리비 만드는 것도 기술이라고, 세월이 좀 더 흘러야 이 비도 튼튼하게 만들어질 모양이었다.

어깨에 싸리비를 메고 달중이는 서당 앞으로 갔다. 댓돌 위에 신들이 가지런한 것으로 보아 아침 공부가 시작된 모양이었다. 사극에서 보았던 것처럼 "하늘 천 따 지"를 외는 소리는 들리지 않았다. 그저 조분조분한 목소리가 잠깐씩 들려 왔다.

"스승님, 학문이라는 기이 한갓 책을 읽는 데 있는 것이 아이다 아입니꺼? 마땅히 천하를 두루 다녀 견문을 넓혀야 하고, 의리 또한 혼자서 얻는 것이 아니라, 마땅히 스승과 벗의 도움과 깨우침이 있어야 하지 않겠습니꺼?"

"그러네. 자네 말씀이 맞네. 책만 읽는다꼬 그기 학문이 아이제. 천하를 다니면서 견문도 넓히고, 벗들을 만나서 토론도 하고, 기카는 기이 학문이제. 자네 말씀이 맞네. 하지만서도 뭣보담도 마음을 다스리는 것이 가장 긴요하니 그것을 소홀히 해서는 안 될 것이네."

"예, 스승님. 경(敬) 공부 말씀이십니꺼?"

"와 아이라. 학문이라는 거는 이론이 정밀한 것보담도 그 인격적 완성이 중요한 것이네."

"스승님, 지분에 말씀하신 심(心)과 경(敬)을 한 번 더 가르쳐 주이소."

"심은 마음이 아닌가. 이 마음이 바로 수양이 이루어지는 바탕이 되네. 그라모 경은 뭐꼬? 경은 수양을 실천하는 방법이라네. 사람은 늘 도덕적으로 자기를 갈고 닦아야 하고, 그라면서 도덕적으로 자기를 완성해 가야 하네. 이 '경'이야말로 우리가 평생 실천해야 할 태도라꼬 할 만하네.”

“스승님, 그러나 도덕적으로 자신을 닦아 나가야 하는 것을 알기
는 하는데 그거를 실천하기는 참말로 어렵습니더.”

“하모. 그 어려움은 내도 잘 알제. 내도 날마다 그 어려움과 부닥
치고 있다카이. 그캐도, 그 어려움을 딛고 스스로의 힘으로 실천하
지 않으면 그거는 자포자기라. 경 공부를 하면서 도덕적으로 살아야
한다는 거를 알기는 아는데, 그거를 알면서도 실천을 안 한다, 그거
는 참된 삶이 아이라.”

“그카믄 몰라서 실천을 몬 하는 거는 우떻습니꺼?”

“몰라서 실천을 몬 한다, 그거는 그 사람 죄가 아이지.”

“경 공부라는 기이, 참말로 어렵습니더.”

“와 아이라. 참말로 어려운 길이제. 그래도 의리가 무궁하기 때문
에 학문의 길 또한 무궁한 기라. 인심이라는 기이, 사람 마음이라는 기
이, 악에 물들기 쉬운 기라. 날마다 반성하고 고치는 것이 급선무제.”

반쯤 알아듣고 반쯤 못 알아들으면서도 달중이는 방에서 흘러
나오는 이야기에 귀를 기울이고 있었다. 삼돌이가 옆구리를 찌르지
않았다면 달중이는 공부가 끝날 때까지 거기 서서 공부를 엿듣고 있
었을지도 몰랐다.

“와? 니도 배씨처럼 공부할라꼬?”

목소리를 한껏 낮춘 삼돌이가 비아냥거렸다.

“물 쫌 길어 오란다, 분이 아배가.”

심술궂게 얼굴을 씰룩이던 삼돌이가 그 한마디를 남겨 두고 가 버렸다.

물을 길어 오면서도 달중이는 내내 퇴계 어른과 제자들이 나누던 이야기를 곱씹었다. 도덕적으로 자기를 완성한다는 것? 어려운 말이었다. 잘 이해할 수는 없었지만 도덕적으로 살아야 한다는 것이 착하게 살아야 한다는 것 같기도 했다. 무엇보다도, 학문이라는 것이 이론적인 어떤 것을 말하는 것이 아니라 인격적으로 완성된 사람이 되기 위한 것이라는 말이 가슴에 와 닿았다.

학교 다니면서 내가 하는 공부는 대부분 그냥 공부였다. 곱셈식을 전개하고 또 인수분해를 하고, 청동기 시대의 일들을 외우고 한국 근대사를 기억하는 것, 삼투압 현상이 어떻고 줄기세포가 무엇이고……. 그렇게 많은 이론을 공부했다. 그런데 퇴계 어른의 공부는 그런 것이 아닌 것 같았다. 하긴 도덕 시간에 배운 퇴계 이황의 경 사상도 그저 외우기 바빴지 그게 무슨 뜻인지는 생각해 보지 않았다.

아까 말하던 경이 도대체 무엇인지, 또 무엇을 실천하라는 것인지 달중이는 그것이 계속 궁금했다. 서당 앞 열정(冽井)에서 물을 길어 오면서도, 서생들이 비운 지숙료와 관란헌, 시습재를 청소하면서도, 지금 자신의 처지도 잠시 잊고서 달중이는 계속 그것이 궁금했다. 나중에 배씨 아저씨를 만나면 자세히 물어보리라 생각했다.

다음 날 아침, 배씨 아저씨가 오기 전에 달중이가 먼저 깼다. 도산서당에서의 하루가 지나면서, 어쩌면 영원히 못 갈지도 모르는 두고 온 곳에 대한 그리움과 여기서 어떻게 살아야 하는가 하는 막막함이 뒤섞여 달중이는 어젯밤 늦도록 잠을 자지 못했다. 풀벌레 울음소리가 더 또렷하게 들리는 밤이었다.

나보다 먼저 이곳에 왔던 아저씨가 처음 자신이 발견된 곳에서 무언가를 시도했다고 했었다. 그렇다면 무슨 방법이 있을지도 모른다. 그 아저씨는 어쩌면 다시 돌아가는 방법을 알았을 것이고, 그래서 그 방법을 시도했을 것이다. 이유는 모르지만 그것은 실패했고 그래서 그 아저씨는 울부짖었고, 그러다 결국은 서생들에게 쫓겨났다.

그렇다면 어떻게 해야 하지? 어떻게 그 방법을 알아낼 수 있을까? 그 방법만 찾는다면 다시 돌아갈 수 있는데. 어쩌면《해리 포터 시리즈》에 나오는 포트키 같은 것이 있는지도 몰라. 그래서 그 포트키 때문에 공간 이동이 가능했는지도 몰라. 아니야, 그렇지만 이 경우는 그것과는 다른걸. 포트키는 공간 이동이었지만 나는 공간에, 시간까지 이동한 거잖아. 그래, 내일은 산에 가 봐야겠어. 가서 내 소지품들이 잘 있는지도 보고, 그리고 뭔가 단서가 될 만한 것들을 찾아봐야겠어. 어떻게 하면 사람들에게 들키지 않고 산으로 갈 수 있을까?

그런데 왜 배씨 아저씨는 하루 종일 안 보였던 걸까? 한 번쯤은 마주칠 법도 한데. 아저씨랑 의논하면 안 들키고 산에 갈 방법이 있을

지도 모르겠다. 참, 아까 그 경(敬) 공부가 뭔지 그것도 여쭤 봐야겠다.

지금 내 처지는 내 처지고, 책에서나 보던, 아니지, 그 정도가 아니지, 위인전에 나오는 몇백 년 전에나 태어난 사람을 내가 직접 보다니, 이것도 기적 같은 일 아니야? 돌아갈 방법을 찾으면서 퇴계 어른에 대한 것도 최대한 많이 알아봐야겠어. 사실 그 얘기들이 좀 재미도 있었단 말이야.

그래도 그렇지, 지금 제정신이야? 다시 그곳으로 돌아갈 궁리만 해도 머리가 터질 지경인데 이 상황에서 공부는 무슨 공부야. 그리고 퇴계 어른이라니. 퇴계 이황의 위인전 한번 읽어 보지 않은 내가 새삼스럽게 퇴계 어른에 대해서 뭐 그리 알려 드는 거야. 그것도 하필이면 이런 상황에서. 야, 권달중, 이 답답아. 네 앞가림이나 먼저 하시지. 지금은 네 코가 석 자란 말이다, 석 자.

이런저런 생각으로 늦도록 뒤척이다가 어느 틈엔가 잠이 든 달중이는 새벽 어스름에 자기도 모르게 잠이 깼다. 아직은 어둠이 채 가시지 않았지만 그래도 아침 기운이 서서히 다가오고 있는 것이 느껴졌다. 토방 문을 열고 밖으로 나서자 아침 안개가 끼어 있었다. 도산서당 바로 곁으로 냇물이 흐르고, 또 저 아래로는 낙동강이 있어서일까?

교회에서 수련회 갔을 때도 이런 안개를 본 적이 있었다. 중학생이 되면서 처음으로 우리만의 수련회를 떠났는데. 이른 아침, 강 안

개가 감싼 기도원에서 누나들과 함께 노래를 불렀다. 누군가가 화음을 넣고, 또 누군가는 허밍도 하고, 자동차의 소음 같은 것은 아예 있지도 않은 안개 가득한 그곳의 노래.

아침 안개가 또 달중이 마음에 그늘을 드리운다.

물을 길어 밥을 짓는 것은 자신이 없어서 대신 달중이는 싸리비를 찾았다. 퇴계 어른이 깨시지 않게 조용조용히 서당과 농운정사 부근을 쓸 생각이었다. 그런데 뜻밖에도 퇴계 어른이 벌써 일어나 계셨다.

"오, 자넨가? 일찍 일어났구마."

퇴계 어른은 마루에 앉아 낙동강 변을 바라보며 체조를 하는 중이었다. 팔을 위로 쭉 뻗었다가 다리 위로 또 쭉 뻗는 동작이 마치 체육 시간에 했던 스트레칭 같았는데, 그렇게 한복을 차려입고 스트레칭을 하는 모습이 조금은 낯설게 보였다.

달중이도 어른께 눈인사를 했다. 열려 있는 방문을 통해 보니 이부자리도 다 개어져 있었다.

"어떤가? 지낼 만 하드나?"

퇴계 어른이 다정하게 물어보셨다. 달중이는 공손하게 머리를 숙였다.

"그래, 일 보게."

체조를 마친 퇴계 어른이 신을 신고 뜰로 내려서서는 마루 한쪽에 세워져 있던 지팡이를 꺼내 들고 절우사 쪽으로 내려가신다. 아마도 산책을 하실 모양이다.

양반도 체조하고 산책을 했구나. 나는 방에서 늘 글만 읽는 줄 알았지. 마당을 쓸며 달중이가 생각했다.

그런데 퇴계 어른이 쓰신 모자가 천 원짜리에 있는 그림과는 좀 달랐다. 천 원짜리 종이돈에는 머리에 수건 같은 것을 쓰고 있었는데 지금 퇴계 어른은 〈흥부전〉에서 놀부가 곧잘 쓰고 나오는 뾰족뾰족한 모양의 관을 쓰고 계셨다. 저런 관을 뭐라고 부르는지 그 이름도 모르는 것이 지금은 좀 한심하게 느껴졌다.

다시 아침 공부가 시작되었는지 서생들이 서당 쪽으로 모였고 분이 아배와 삼돌이는 고기를 낚으러 강으로 갔다. 냇물에서 잡는 작은 고기 말고 좀 큰 고기를 잡아다가 저녁상에 올리겠다는 것이다. 같이 가겠느냐는 분이 아배의 말에 달중이는 고개를 저었다. 어쩌면 지금이 산에 가 볼 수 있는 좋은 기회인 것도 같았다.

"저 아아가 같이 가겠능교? 또 빗자루 잡고 공부하러 갈라 카겠지."

삼돌이가 빈정거렸다.

분이 아배와 삼돌이가 강으로 나가고 달중이는 조심스레 서당 쪽으로 올라갔다. 아까 얼핏 배씨 아저씨를 보기는 했으나 아저씨가 좀 바빠 보여서 산에 갈 의논을 할 수가 없었고, 또 지금 정말 모두 공부를 하고 있는지, 살짝 산 쪽으로 올라가도 들키지 않을지 궁금하기도 했다.

서당 쪽으로 다가가던 달중이는 깜짝 놀랐다. 어제와는 달리 퇴계 어른과 서생들이 다들 마루에 나와 있었던 것이다. 사람들은 둥근 모양의 지구본 같은 것을 함께 보고 있었다. 마루 저쪽 한구석에 배씨 아저씨도 보였다. 글을 읽지 않고 무언가를 들여다보는 그 사람들이 궁금해져서 달중이도 멀찍이 앉아서 그 지구본을 살펴보았다.

"이 혼상을 보시게나. 여기에 그려진 기이 별자리라네."

그 혼상이라는 것은 지구본처럼 매끈하게 둥글지는 않았는데 나무 같은 것으로 대를 만들고 거기에 종이를 덧발랐는지 바람이 빠지기 시작한 비치볼 같은 모습이었다. 하얀색 표면에 검은색으로 무언가가 그려져 있는 듯했는데 어른의 말씀대로라면 그것이 별자리인 모양이었지만 달중이 자리에서는 그런 것이 분명하게 보이지는 않았다.

"무극(無極)과 태극(太極)으로부터 음(陰), 양(陽)의 순환까지 모두 다 생각해 봐야 하는기라. 금(金), 목(木), 수(水), 화(火), 토(土)의 오행(伍行)이 흩어지고 뒤섞이는 거에 따라 인간과 만물이 생겨난 기거든."

"성학십도(聖學十圖) 중에 첫 번째 그림인 태극도도 이런 거를 생각해서 그리신 겁니꺼?"

선비 한 사람이 퇴계 어른에게 묻자, 그 옆의 다른 선비가 나섰다.

"그것은 제가 말씀드리겠심더. 성학십도가 성리학을 압축적으로 정리해서 그린 열 개의 그림이라는 것은 잘 아실 것입니더. 그중에서 다섯 번째 그림까지는 우주와 자연의 이치를 나타내신 것이고, 여섯 번째부터 마지막 열 번째 그림까지는 일상생활에서 마음의 착한 본성을 길러야 함을 나타내신 것입니더. 우주와 인간의 원리를 통일하신 것이지요."

"맞네. 내가 생각하는 자연은 곧 질서인기라. 자연이 질서라는 거는, 마땅히 그리되어야 하고, 또 반드시 그렇게 되는 거를 말하네. 인간이 닮아야 하는 질서인 거지. 허니, 인간은 만물과 벗하며 살아야 하는 기라."

"스승님이 그래서 매화를 그리 사랑하시는가 봅니더."

한 선비가 말하자 모인 사람들이 다 빙긋이 웃는다.

달중이는 혼상이라는 것도 처음 봤지만 "공자 왈, 맹자 왈" 하고 한문만 읽을 것 같던 선비들이 별자리를 공부하고 자연의 이치를 생각하는 것이 더 신기했다. 한문 공부와는 거리가 멀어 보이는 자연과학을 공부하다니, 여기 와서 배운 것이 참 많다 싶었다.

이제 살짝 산에 올라갈까 하는데 선비 중 한 사람과 눈이 딱 마주쳤다. 달중이와 눈이 마주친 그 서생은 순간 불쾌한 표정을 지었다. 그러더니 마루 한구석에 앉은 배씨 아저씨를 사납게 흘겨보는 것이었다.

"무슨 일인가?"

그 서생의 표정을 보셨는지 퇴계 어른이 물으셨다.

"예? 아임니더."

"그래? 얼굴에 화기가 있길래 무슨 일이 있나 캤네."

"아임니더, 스승님."

당황한 달중이가 어찌할까 하고 있는데 퇴계 어른이 일어서신다.

"이제 사단칠정(四端七情)에 대한 토론을 계속 해 보세. 안에 고봉한테서 온 편지가 있지 싶은데……."

편지를 찾으러 퇴계 어른이 방 안으로 들어가시자 아까 그 선비가 또다시 배씨 아저씨를 나무라듯 바라본다. 배씨 아저씨가 황급히 일어서더니 달중이 쪽으로 왔다.

"이리 온나."

아저씨가 앞장서서 뒷산으로 올라간다. 사람들로부터 꽤 멀어졌다고 생각되자 달중이가 말했다.

"죄송해요. 그냥 무슨 공부를 하시나 궁금해서……."

"괘안타. 죄송할 기 뭐 있노. 내도 그랬는데."

"예?"

"내도 그랬다. 백운동서원에서 서생들이 공부하는 거를 자꾸만 듣고 싶어서 그래 눈치도 없이 자꾸만 들었다. 듣다 보이 재미도 나고, 더 배우고도 싶고, 그러다가 스승님이 내를 거두어 주셔서 가끔 이래 여기까지 와서 스승님의 말씀도 듣고. 예전에 내도 그랬다."

"그런데 아까 그분은……."

"양반들은 싫어하지로. 내 같은 기이 거기 끼어 있으니 뭐가 좋겠노. 싫어하는 기이 당연하지로. 와 아이라."

"실은 어제도 마당 쓸면서 들었는데 듣다 보니까 궁금한 것도 생기고……. 학교에서 퇴계 어른에 대해 배울 때는 이렇게 재미있고 궁금하지 않았거든요."

"우리 스승님을 배우나? 우리가 주자 선생에 대해서 말하는 것 그치로?"

"그럼요. 아주 훌륭한 분이라고 배우지요. 조선에서 제일 훌륭한 학자라고 배우는데요?"

"참말이가? 그래, 우리 스승님이 그런 분이시다. 맞다."

아저씨는 굉장히 기쁜 표정이었다. 양반들 틈에 끼여서 공부하느라 양반들한테 따돌림을 당하면서도 그런 것은 그러려니 하고, 양반들 틈에 끼여서 공부한다고 삼돌이같이 같은 계층의 사람들 사이에서 미움을 받아도 그러려니 하고 버티는 것이 어쩌면 오로지 퇴계 어른 때문인지도 모른다는 생각이 들었다.

"그런데 여쭤 보고 싶은 것이 있는데요."

"그기 뭐꼬?"

"경이 뭐예요? 다들 경 공부를 해야 한다고 하시던데."

“경? 니가 그 말을 들었나?”

“예, 어제.”

“경은 한마디로 주일무적(主一無適)이다.”

“주일무적이요? 그거는 또 뭐예요?”

“주일무적이라는 거는 한마디로 마음이 한결같아서 다른 데로 달아남이 없다는 뜻이라. 내가 지금은 여기 와서 이래 공부를 하고 있지만 원래 내는 대장장이나 한가지다. 대장장이 알제? 그래, 내는 대장장이아이가? 대장장이한테는 풀무 불에 달군 쇠를 망치로 꽝꽝 쳐서 그걸로 쇠스랑을 만들고 호미를 만들 때는 다른 생각 없이 오직 그 일에만 전념하는 거, 그기 경이라.”

“다른 생각 없이 그 일에만 전념하는 거요?”

“어제 니는 마당을 쓸었제? 마당을 쓸 때는 오직 마당 쓰는 그 일을 열심히 하는 거, 그기 주일무적이라. 공부할 때는 오직 공부에만 마음을 둘 뿐이고, 밥 묵을 때는 오직 밥 묵는 일에만 마음을 두는 거. 그기 주일무적이라.”

“네에, 그런데 그걸 왜 그래요? 주일무적을 왜 해요? 아니, 경 공부를 왜 해요?”

“우리 스승님은 공부하는 것이 다 사람이 될라꼬 하는 기라 하시거든. 사람도 그냥 사람이 아이고 훌륭한 사람 말이다. 그라모 그런 사람이 될라모 우째야 하는가. 자기가 하는 그 일에 정성을 다 쏟아 하라는 기다. 마음이라는 기이 착해야 안 되겠나? 그런 마음이 항상 착하게 될라머는 일단 그 마음이 밖으로 드러나기 전에 늘 잘 다스려야 하거든. 수양을 해야 한단 말이다. 마음의 뿌리를 튼튼하게 해서 늘 착한 마음이 드러나도록 해야 한단 말이다. 그러니까 주일무적이라는 기는 마음의 뿌리에 물을 주는 기다, 이래 생각하믄 되지로. 예전에는 수양한다 카믄 그냥 조용히 앉아서 자기 마음을 고요히 다스리는 기다, 이래 생각을 했는데 우리 선생님은 아인 기라. 자기의 평소 생활에서 어떤 일을 할 때마다 그 일에 정성을 다해서 하는 거, 그기 바로 마음공부다, 그기 바로 경이다, 이카시거든."

"그렇군요. 그게 그런 거군요. 참, 그래도 이런 상황에서 제가 무슨……. 별걸 다 궁금해하네요, 제가. 어떻게 하면 다시 그곳으로 돌아갈 수 있을지 그거 궁리하기도 바쁜 제가 어디서 이리 여유가 생긴 걸까요. 아, 아니지, 다시 그곳으로 돌아갈 생각을 할 때는 그 생각만 열심히 하는 거, 그게 주일무적이네요. 그게 경 공부잖아요. 그렇지요, 아저씨? 흥."

갑자기 아저씨 얼굴이 굳어졌다. 마지막 말이 좀 지나쳤나 보다. 사실 아저씨에게 화를 낼 일이 아니었다. 지금 이 상황이 숨 막히고 괴롭지만 그게 아저씨 탓은 아니지 않은가. 이런 바보 권달중.

"죄송해요, 아저씨. 저는……."

그런데 아저씨는 달중이 말을 듣고 있지 않았다. 계속 굳어진 얼굴로 아저씨는 달중이 등 뒤의 무언가를 보는 것 같았다. 달중이가 등을 돌리자 어떤 사내아이가 산길을 따라 이쪽으로 걸어오는 것이 보였다. 머리를 길게 땋아 내린 그 사내아이도 하인인지, 삼돌이처럼 옷을 입고 있었다.

"채복이 아이가? 우짠 일고?"

아저씨가 태연한 척 그 사내아이에게 말을 걸었다.

"대감마님께 전갈이 있어서요. 이 사람은 누굽니꺼?"

"어, 잠시 여 서당에 있는 사람이다. 토끼골서 오는 길이가?"

"예."

대답하면서도 뭔가 이상한지, 채복이라는 아이는 자꾸만 달중이를 쳐다보았다.

"아, 야는 절에 있다 온 아아다. 그래서 머리가 짧다아이가. 말은 몬 해도 알아는 듣는다."

"예? 말을 몬 해요? 금방…… 아이라예."

채복이가 아무렇지도 않은 척하더니 서당 쪽으로 내려간다.

"먼저 갑니더."

아저씨가 불안한 표정으로 달중이를 쳐다보았다.

"자아가 우리가 이야기하는 걸 본 것 같다. 우짜믄 좋노."

"제가 등을 돌리고 있었는데도 봤을까요?"

"본 것 같다. 내가 네 이야기를 듣는 거를 본 거 같네. 우짜노."

아저씨가 불안해하자 달중이도 어쩌면 좋을지 몰랐다. 여기 이곳에서는 아저씨만이 달중이가 기댈 유일한 사람이었기 때문이다.

"전에 그 일도 있고 해서 우째야 좋을지 모리겠다. 우야노? 채복이 저 아아도 내를 싫어하거든. 안 캐도 내가 공부하러 여기 오미 가미하는 것을 싫어하거든. 다들 안 캐도 내를 몬 쫓아서 난린데 니를 데꼬 오면서 거짓말한 거 가지고 가만히 있을 리가 없는데. 내도 내지만 니를 가만 안 둘 낀데……. 경을 칠 낀데. 우야노?"

달중이도 머릿속이 하얘지는 것 같았다. 전의 그 아저씨를 관가에 알리려 했었다는 이야기가 생각나면서 어떻게 해야 할지 알 수가 없었다.

"일단 여 어데 숨어 있그라. 내가 내려가서 일의 형편을 보고 알려 주꾸마. 지금은 일단 네가 숨는 기 낫겠다. 내가 가 보고 올 테니까 니는 어제 그 바위 옆에 꼭 있그라. 절대로 나오지 말고. 알았제? 절대로 나오믄 안 된다. 알았나?"

아저씨가 황급히 서당으로 내려가자 달중이는 바위를 향해 마구 달렸다. 지금 여기서 아저씨 말고는 달리 믿을 데도 없었다. 일단은 아저씨가 시킨 대로 숨어 있는 수밖에 없었다. 달중이는 산 쪽으로 한참 달려서 겨우 바위를 찾아냈다. 이곳 지리가 낯선 달중이로서는 그 바위를 찾아낸 것만도 다행이었다.

바위틈을 뒤져 배낭을 찾았다. 배낭은 달중이가 숨겨 둔 그대로였다. 배낭을 품에 안고 달중이는 바위틈에 쪼그려 앉았다. 이러다가 정말 관가에라도 가면 큰일이었다. 어디서 왔다고 말을 해야 하나? 어떻게 왔다고 말해야 하지? 나도 믿을 수 없고 나도 알 수 없는 일들을 도대체 누가 믿어 주겠는가. 배씨 아저씨도 막연하게 나를 믿는 것이지, 지금 내게 일어난 일을 정확하게 설명할 수는 없지 않은가. 배씨 아저씨의 증언을 사람들이 믿어 줄 리도 없다. 어떻게 이 상황을 벗어날 수 있을지 아무리 생각해도 달중이는 답을 찾을 수 없었다. 그저 아저씨가 올 때까지 숨어 있을 수밖에.

해가 중천에 올랐다. 점심때가 된 모양이었다. 아직도 아저씨는 올 기미가 안 보이고 달중이는 초조해지기 시작했다. 혹시 아저씨가 무슨 봉변이라도 당한 게 아닐까? 퇴계 어른과 분이 아배를 제외하고는 모두 아저씨에 대해서 적대적이었다.

만약, 아저씨가 수상한 사람과 이야기하고 있었다고 채복이가 사람들에게 알렸다면, 사람들이 그 수상한 사람이 나라는 것을 알게 되었다면, 그리고 내가 벙어리가 아닌 것을 사람들이 알게 되었다면…….

아무래도 아저씨가 무슨 해를 당했을 것만 같았다. 그러나 그렇게 생각해도 달중이가 할 수 있는 일은 없었다. 얼마나 더 기다려야 할까. 이러다가 밤이 되면, 아저씨 없이 이 산속에서 밤을 맞게 된다면……. 아저씨가 오기를 기다리는 동안 달중이는 점점 속이 탔다.

달중이는 다시 가방을 열었다. 그리고는 MP3를 켰다. '이등병의 편지'가 흘러나왔다. 달중이 눈에 눈물이 맺혔다. 이런 곳에서 이 노래를 듣게 될 줄이야. 언젠가 군대에 가게 될 때 그때 아마 이런 심정일 거야, 늘 그런 생각을 하며 듣던 노래였다. 이렇게 될 줄 알았다면 안동으로 떠나 올 때 큰절이라도 하고 오는 건데. 정말 부모님을 다시 만나지 못하게 되는 걸까. 동물원의 '사막을 건너는 법'이라는 노래가 생각났다. 사막을 건너는 법. 시간을 건너뛰는 법. 아, 시간을 건너뛰는 법을 알 수만 있다면……

가방 속에는 오경이가 챙겨 준 파일도 있었다. 오경이는 예의 바르고 착한 친구였다. 여자 친구를 사귈 생각은 없었는데 어쩌다 오경이처럼 밝고 쾌활한 친구를 사귀게 되어 정말 다행이었다. 졸업식 끝나면 기차 타고 춘천에 같이 가기로 했었는데. 오경이도 너무나 보고 싶다.

그리고 또 하나, 민규의 사진. 여행 떠나와서 처음으로 사귄 아이였다. 나이 차이가 나기는 해도 친구처럼 편안한 아이였는데. 민규 덕에 병산서원이 어떤 곳인지도 알게 되었고. 민규가 찾으라던 그 마당쇠를 찾느라 눈이 아팠던 그 밤.

그 달팽이 화장실 앞에서도 나는 마당쇠를 찾고 있었는데. 아니지, 내가 도산서당에서 마당을 쓸었잖아. 내가 마당쇠가 되었던 셈인데. 민규가 이걸 알면 얼마나 놀랄까. 민규가 내게 찾으라고 말했던 그 마당쇠가 한때 나였다는 사실을 알게 된다면……. 민규가 두 눈을 동그랗게 뜨고 "맞나? 행님아, 진짜가?" 하고 외치는 모습을 보고 싶다.

아니, 그 사실을 알릴 수만이라도 있었으면 좋겠다. 이렇게 먼 곳에서, 이렇게 먼 시간에 와 있는 내가 그 사실을 어떻게 알릴 수 있을까?

민규의 사진을 어루만지는 달중이의 마음이 무거워졌다.

오후가 되면서 바람이 불기 시작했다. 따뜻한 날씨였지만 산속이라 그런지 바람이 때때로 차갑게 느껴졌다. 달중이는 MP3며 오경이의 파일이며 흩어진 옷가지를 모두 챙기기 시작했다. 어떻게 된 일인지 아직까지 아저씨는 오지 않고, 어떻게든 이 상황을 벗어나려면 한 가지씩 정리해야 했다. 우선 눈앞에 보이는 이 물건들을 정리하고 그리고는 내가 처한 이 상황을 정리해 보자. 달중이의 손놀림이 빨라졌다.

주변의 소지품들을 대충 가방에 넣은 달중이는 민규가 웃고 있는 병산서원의 사진을 손에 쥐었다. 다시는 못 볼 민규, 그리고 병산서원. 달중이의 정리 속에는 이 사진도 포함되어 있었다. 사진을 바라보는 순간 또다시 바람이 불어왔다. 달중이의 머릿속이 서늘해졌다. 입고 있는 낡은 옛날 옷 속으로도 바람이 들어왔다. 사진을 어루만지며 달중이가 말했다.

"아, 민규 곁으로 가고 싶다."

달중이가 기억하는 것은 거기까지였다.

다시 돌아오다

6

정신을 차리자마자 달중이가 느낀 것은 심한 추위였다. 너무 추웠다. 무릎 위에는 챙기다 만 배낭과 민규 사진이 있었다. 깜빡 잠이 든 모양이었다. 그런데 다시 보니 밤이 아니었다. 주변 풍경도 이상했다. 비로소 주변을 살피는 달중이. 아, 여기는 병산서원 아닌가. 달중이는 다시 병산서원에 돌아온 것이다. 한기를 느낀 달중이는 일단 배낭을 열어 파카를 꺼냈다.

그러고 보니 달중이가 입고 있는 옷이 너무 얇았다. 얇을 뿐 아니라 너무 낡았다. 달중이는 도산서당에서 입고 있던 옛날 옷을 그대로 입고 있었다. 꿈이 아니었구나. 머리를 만져 보니 들쑥날쑥한 것이 배씨 아저씨가 잘랐던 머리카락 그대로였다.

눈앞으로 펼쳐진 낙동강이며 멀찍이서 들려오는 개 짖는 소리. 아, 여기는 민규네 집 옆, 바로 그 병산서원이었다.

일단 달중이는 옷을 갈아입기로 했다. 춥기도 했지만 누군가와 마주치기 전에 어서 옷을 갈아입어야겠다는 생각이 들어서였다. 서원 앞 빈터에서 달중이는 원래의 옷으로 갈아입었다. 여행을 떠나올 때 입었던 검은 터틀넥에 감색 코듀로이 바지, 그리고 짙은 남색 오리털 파카까지, 달중이는 처음 그대로 다시 옷을 입었다. 듬성듬성 잘린 머리는 오리털 파카의 모자를 쓰는 것으로 대충 가렸다. 옷을 갈아입고 난 자리에 남은 옛날 옷들과 낡은 짚신까지, 달중이는 일단 그것들도 가방에 잘 챙겨 넣었다.

옷을 갈아입고 배낭을 짊어지면서 달중이는 난감해졌다. 거기서 이틀을 잤으니……. 이틀 만에 갑자기 나타난 이유를 어떻게 설명해야 할까. 한마디 말도 없이 사라졌던 나에게 아주머니와 민규는 뭐라고 할까. 아, 이것은 또 어떻게 설명해야 하지.

여기서도 저기서도 설명을 해야만 하는 상황. 달중이는 이 상황이 부담스러웠다. 차라리 몰래 여기를 빠져나가는 게 좋겠다. 생각이 여기에 미치자 달중이는 조심스레 걸음을 옮기기 시작했다. 서원 앞을 지나 달팽이 화장실을 지나, 조금 더 가면 민규네 민박집, 거기를 지나면 바로 고갯길이다. 거기서부터는 달려가는 것이 낫겠군.

"행님아, 행님아."

달중이는 심장이 멎는 줄 알았다. 이제 막 달팽이 화장실을 지났을 뿐인데 민규가 집 앞에 나서서 달중이를 불렀기 때문이다.

"어? 어."

대답을 얼버무리는 달중이. 어쨌든 이 상황을 설명해야 하는 순간이 온 것이다.

"행님아, 많이 기다맀제? 내 이제 다 씻었다. 가자."

"응?"

"민규야, 달중아, 퍼뜩 가자. 온나."

어느새 아줌마가 걸어 나오며 차 열쇠를 흔들고 계셨다. 차 문을 열고 차에 올라타는 아주머니는 달중이를 보고도 별로 놀란 눈치가 아니었다.

"미리미리 깨끗하게 씻고 그라모 얼마나 좋겠노. 민규 니 땜에 형이 한참 기다맀다아이가. 퍼뜩 타라."

"알았다카이. 행님아, 빨랑 온나."

민규와 아주머니가 이야기하는 소리를 듣던 달중이는 어쩌면 아주머니와 민규는 달중이가 없어졌던 이틀을 모른다는 생각도 잠깐 했다. 일단 차를 타 보자.

"행님아, 미영이 누나캉 토계리 가모 인자 여기는 안 오고 바로 올라가나?"

"어? 글쎄."

"와? 민규 니 서운한가 보제? 난중에 달중이가 또 오믄 안 되나? 달중이 니는 꼭 다시 와야겠네, 민규 자아 땜에."

운전을 하며 아주머니가 말씀하셨다. 모든 것이 너무나 자연스러웠다. 아무런 변화도, 이상한 분위기도 없었다. 정말 이 사람들은 그 이틀을 모르는 것 같았다. 그러면 내가 지냈던 그 이틀은 어떻게 된 건가? 그럼 그게 다 꿈이었단 말이야?

고개를 갸웃거리며 달중이가 배낭을 열었다. 가방 속에는 여전히 그 옛날 옷이며 낡은 짚신이 들어 있었다.

"행님아, 뭐 찾는데?"

"응? 아니야. 그냥."

"행님아, 꼭 다시 온나. 알았제? 다시 온나."

"그래, 그럴게. 꼭 다시 올게. 정말 다시 올 거야."

민규도 꼭 다시 만나고 싶었지만 무엇보다 달중이는 병산서원 앞에서의 그 이상한 경험을 다시 생각해 보고 싶었다. 무슨 일이 일어난 건지, 왜 나만 빼고 아무것도 달라진 것이 없는 건지. 달중이는 꼭 다시 병산서원에 오리라 마음먹었다.

미영이와 함께 온 열화민박은 민규네 민박보다 규모가 컸다. 밖에서 보기에는 조립식 건물 같은 것이 두 동 있었다. 입구는 가운데 있어서 왼쪽 공간과 오른쪽 숙소를 나눠 놓고 있었다. 왼쪽 공간은 식당 겸 세미나 실이라는데 세미나 실까지 있는 걸 보면 공부하는 사람들이 많이 오는 모양이었다.

"피곤했니? 그새 잠이 들었더라."

차에서 깜빡 존 모양이다. 구경 많이 하고 가라시면서 미영이 엄마가 나가시자 미영이가 그 말부터 꺼내는 걸 보면.

"그러게. 내가 많이 잤니?"

"시간은 별로 길지 않았는데 코는 좀 골더라. 하하."

"진짜야?"

"야, 그런데 너 머리가 왜 그래? 아까까지는 괜찮더니."

"아, 머리? 그럴 일이 좀 있었어. 아, 너 야구 모자 그런 거 없니? 나 하나 빌려 주라, 머리 다시 자르기 전까지. 그런데 여기서 도산서당이 가깝니?"

"도산서당? 도산서원 말이니? 가깝지. 왜 거기부터 가 보게?"

"응, 가 보고 싶어. 그리고 퇴계 이황 선생님에 대해서도 알고 싶어. 그 제자들도."

"웬일이냐, 네가? 아까는 퇴계 이황 어쩌고 그러더니 이제는 이황 선생님이라네. 그새 철들었네."

"내가 그랬나?"

"퇴계 어른에 대해서 알고 싶다니 그건 뜻밖이다. 넌 원래 류시원 팬이 등 떠밀어서 안동 왔잖아. 하하."

"야, 너 자꾸 놀릴래?"

"하하. 안 그럴게. 아, 참."

"왜?"

"마침 퇴계 어른에 대해서 잘 알려 주실 분들이 계신다. 실시학사 선생님들이 오셨거든."

"실시학사? 그게 뭐야?"

"나도 잘은 몰라. 1년에 두 번 여기에 공부하러 내려오는 선생님들이신데 아마 실학 관련한 공부를 하시나 봐."

"실학?"

"응. 우리 배우는 그 실학. 왜, 실학파를 이용후생, 경세치용, 뭐 그렇게 나눠서 배웠잖아. 그렇게 나눈 분이 이우성 선생님이라는 분인데 그분 중심으로 교수님 여러 분이 모여서 공부를 하신대."

"경세치용, 이용후생, 그런 말은 생각난다. 그분이 이우성 선생님이라고?"

"응, 다른 분들은 그분을 벽사(碧史) 선생님이라고 부르시더라. 호가 벽사인가 봐. 그분이 퇴계학연구원인가 거기 원장님이라던데. 다른 교수님들도 그분을 굉장히 존경하는 눈치야."

"그래? 넌 실제로 뵈었어?"

"그럼. 연세가 높으신 것 같더라. 할아버지시던데?"

"그래? 혹시 그분이 퇴계 선생의 후손이시니?"

"아니. 퇴계 어른은 진성 이씨고, 그분은 여주 이씨래. 성호 이익의 후손이시라던데. 돌아가신 사모님이 진성 이씨셨대."

"넌 별걸 다 안다. 꼭 너희 할아버지 얘기하듯 하네. 그런데 성호 이익도 실학자 아니니?"

"응, 맞아. 《성호사설》이라고, 그 책 기억 안 나?"

"글쎄, 배운 것 같기도 하고. 그런데 그분들이 여기 오셨어?"

"응. 여름, 겨울, 그렇게 1년에 두 번 여기서 공부하시고 답사도 하시고 그러시더라."

"그래? 그럼 그분들 지금 계셔?"

"지금은 안 계셔. 아침 잡수시고들 답사 가셨대. 금당 마을이라나, 뭐 어디 가셨대. 이따 오실 거야."

"그럼 그 전에 우리끼리 먼저 도산서당에 가면 안 될까? 난 너무가 보고 싶다."

"네가 이렇게 퇴계 어른의 팬이 되었다니 믿기지 않는걸? 좋아, 가도 돼. 그런데 말이야, 내가 보기에 너는 지금 좀 피곤해 보이거든? 몸살 난 사람처럼 아파 보이기도 하고. 그러니까 내 생각에는 일단 네가 한숨 자는 게 좋겠어. 실시학사 선생님들은 내일 올라가시니까 이따 저녁에 만나기로 하고. 그 선생님 중에 나를 예뻐해 주시는 선생님이 계시거든. 내가 부탁 드려 놓을 테니까 너는 일단 쉬어라. 어때?"

달중이는 당장에라도 도산서당에 가서 여기저기를 둘러보고 싶었지만, 미영이 말도 일리는 있었다. 지금 달중이는 거의 쓰러질 듯한 상태였다. 안동 내려와서 겨우 하루를 보냈을 뿐인데 실제로 달중이는 사흘을 살았다. 머리로도 이해되지 않는 상황이었지만 달중이의 몸도 이런 상황을 쉽게 받아들일 수 없는 모양이었다. 고미영 양의 말씀대로 달중이는 몸살 난 사람처럼 들떠 있었다.

"그럼 잠깐 누워 있을게. 이따가 꼭 선생님들 만나게 해 줘. 알았지?"

살짝 웃으며 방문을 닫고 나가는 미영이의 뒷모습이 따뜻해 보였다. 아까 안교에서 만났던 미영이 고모도 분위기가 미영이와 비슷했다. 고모와 조카인데도 많이 닮은 듯했다.

안교의 미영이 고모네서 집에 전화했는데, 엄마의 목소리를 듣는 순간 달중이는 울 뻔했다. 힘들지 않니, 밥은 잘 먹었니, 어디서 잤어, 엄마가 이것저것 물어보시는데 달중이는 목이 메어 대답을 잘할 수가 없었다. 겨우 하루밖에 안 지났는데 왜 그러냐고, 아빠 말씀대로 여행 보내길 잘했다고 하시는 엄마의 목소리도 조금 갈라지는 것 같았다. 엄마야 하루 못 본 아들의 전화가 반가워서 그러셨겠지만 달중이로서는 정말 감개무량했다. 하마터면 다시는 못 볼 뻔한 엄마였으니. 내가 그러고 사라졌다면 엄마, 아빠는 나를 찾아 전국을 헤맬 것이다. 그러나 나는 몇백 년 전의 안동에 있었으니 엄마, 아빠는 내 머리카락 하나도 못 찾았을 거고, 그러면 얼마나 가슴 아파하면서 나를 그리면서 사셨을까. 나를 찾느라 전단도 많이 만들었을 거고, 겨울에도 맘 편히 따뜻한 방에서 못 주무셨을 거다. 어쩌면 엄마는 혼자 여행을 보낸 아빠를 원망했을 거고, 아빠도 그런 자신을 자책했을 거다. 달중이는 이런 일들이 상상으로만 끝난 것이 정말 다행이라고 몇 번이나 가슴을 쓸어내렸다.

미영이가 소개해 준 그분은 그저 평범한 인상이었다. 대학에서 한국 철학을 가르치는 교수님이라지만, 한국 철학도 철학이고 보면 철학하는 사람 특유의 어떤 튀는 면이 있을 것이라고 예상한 것이 사실이었다.

그런데 뜻밖에도 문회 선생은 그저 지하철에서 만날 수 있는 그런 평범한 인상이었다. 어떻게 보면 달중이네 학교 국사 선생님 같기도 했다. 보통 사람 같은 외모에 보통 사람 같은 옷차림. 하긴 철학자라고 어딘가 비정상적인 모습을 상상한 것부터가 잘못이었다. 철학도 그저 학문의 한 분야 아닌가.

"뭐 해? 인사드리지 않고. 달중아?"

미영이가 옆구리를 쿡 찔러서야 달중이는 문회 선생께 인사를 드렸다.

"안녕하세요? 저는 권달중이에요."

"그래, 반갑다. 미영이랑 동갑이라면서? 그런데 궁금한 게 많다던데."

"네, 그냥 이것저것 좀 알고 싶어서요."

달중이는 어디서부터 이야기를 꺼내야 할지 잠시 고민했다. 나의 이 남다른 경험을 곧이곧대로 믿어 줄 사람이 과연 몇이나 될까. 내가 보고 들은 것을 인정해 줄 사람이 과연 얼마나 될까. 어떻게 어디서부터 말해야 할지 달중이는 혼란스러웠다.

"아이 참, 일단 좀 앉으라고 하시지 않고."

문회 선생 옆에 서 있던 여자분이 상냥한 목소리로 말했다.

"그럴까? 하하."

앉으라고 손짓하며 문회 선생이 자리에 앉자 그 여자분도, 미영이도 모두 따라 앉았다.

"참, 문회 선생님 사모님이셔. 공옥 선생님. 이분도 철학 교수님이시다."

실시학사 선생님들은 서로를 부를 때 호를 부른다고, 그것은 서로 함께 도(道)를 공부하는 도반이라는 생각에서 그러는 거라고 미영이가 미리 말해 주기는 했지만, 그래도 호를 붙여 부르는 것이 달중이에겐 사실 좀 낯설었다.

"네, 안녕하세요?"

"반가워요, 달중이. 그런데 달중이는 요즘 학생들이랑 관심 분야가 좀 다른 것 같은데? 퇴계 선생에 대해서 궁금한 게 많다면서요? 하긴 미영이도 좀 특이하지만. 하하."

"네. 그냥 퇴계 선생님 이야기가 궁금해요. 사시던 곳이랑 도산서당이랑, 또 그분 제자들도요."

"그래? 궁금한 게 정말 많네. 자, 그럼 뭐부터 말해 볼까?"

"저기, 도산서당이라고 했어요, 지금? 보통 도산서원이라고 이야기하는데……."

문회 선생의 말을 끊고 공옥 선생이 물었다. 문회 선생도 뜻밖이라는 듯 달중이를 쳐다보며 말했다.

"그러고 보니 그러네. 보통 도산서원이라고 하는데. 달중이는 어떻게 그런 생각을 다 했지? 도산서원은 엄밀하게 말하면 퇴계 선생 이후의 명칭이야. 퇴계 선생이 살아 계실 때는 서원이 아니라 서당이었지. 그분이 살아 계실 때는 거기서 제자들도 가르치고 공부도 하시고 그랬다고 해. 그러니까 원래 이름은 도산서당이지. 퇴계 어른이 돌아가시고 나서야 우리가 아는 것처럼 퇴계 선생을 모시고 제사 지내면서 서원이 된 거고."

"그러니까 천 원짜리 지폐 속의 도산서원은 퇴계 선생 사후의 모습인 거죠?"

미영이가 말했다.

"그렇지. 실제로 선생이 살아 계실 때의 도산서당은 그저 작은 공부방 같았단다."

"네, 아주 작고 초라해요. 저는 지폐 속의 도산서원만 생각했는데 실제로는 정말 작고 검소했어요."

무심코 달중이가 대답하자 미영이가 놀라 물었다.

"너 도산서원 가 봤어?"

"어? 아니. 그냥 그림에서 봤어."

달중이가 서둘러 대답하자 공옥 선생이 문회 선생을 보며 예의 그 상냥한 목소리로 말했다.

"그럼 내일 달중이 도산서원 구경 좀 시켜 줄까요? 미영이야 많이 가 봤을 테지만 달중이는 아직 못 가봤다잖아요?"

"그럴까, 그럼? 안 그래도 우리는 하루쯤 더 있다가 가기로 했었거든."

"네. 꼭 가 보고 싶어요, 꼭이요. 꼭 가 보고 싶어요."

"그럼 그러자. 내일 아침 먹고 도산서원으로, 퇴계 어른 묘소로, 잠깐 돌자."

"그런데 선생님들은 내일 안 올라가세요?"

미영이가 공옥 선생에게 여쭈어 보았다.

"음. 우리는 한두 군데 돌아볼 데가 있어서."

"어디 가시는데요?"

"미영이는 굉장히 궁금한가 보네? 우린 내일 풍기 쪽에 좀 가 보려고 해."

"풍기요?"

"음. 거기 배순이라는 사람이 살던 동네."

"배순이 누구예요?"

"퇴계 어른의 제자지. 유일한 천민 출신의."

달중이가 꿀꺽 침을 삼켰다. 달중이는 긴장하면 언제나 침을 꿀꺽 삼키게 된다.

"좀 자세히 말씀해 주시면 안 되나요?"

"안 되긴. 퇴계 어른이 풍기 군수로 계실 때 만난 사람이래. 배순이라는 사람은 대장장이였는데 학생들이 공부하는 주변을 늘 맴돌았다고 해. 그래서 그걸 본 퇴계 선생이 그렇게 공부가 좋다면 공부를 하라고 하면서 제자로 삼으셨대. 감격한 배순은 늘 공부에 힘썼고. 그러다가 퇴계 선생이 돌아가시자 그 소식을 들은 배순이 쇠로 퇴계 어른의 동상 같은 것을 만들어 놓고 그 앞에서 제사를 지냈다고 해."

"그래서 사람들은 이 이야기를 놓고 퇴계 어른이 평등 교육을 실천하셨다고 보지. 천민이어도 공부를 하려고 하면 제자로 삼으셨다고."

문회 선생의 설명을 공옥 선생이 거들었다.

"그래서 거기 가 보시는 거예요?"

"응. 거기 배순의 마을이라고 배점리라는 곳도 있어."

"그럼, 거기도 따라가면 안 될까요? 거기도 꼭 가 보고 싶어요."

달중이의 말에 두 선생님은 잠시 의외라는 표정이었지만 곧 흔쾌히 그러라고 하셨다. 내일 아침이면 달중이는 다시 그곳에 가 볼 수 있다.

어서 아침이 오길…….

퇴계 선생의
묘소에 가다

아침도 뜨는 둥 마는 둥 할 만큼 달중이는 가슴이 설레었다. 다시 그곳으로 가는 것이다. 한 번도 가 본 적 없지만 사실은 벌써 다녀온 곳. 정말 내가 다녀온 곳이 거기 맞는 걸까? 달중이는 어서 눈으로 확인하고 싶었다.

그러나 한시가 급한 달중이 마음과는 달리 문회 선생의 안내로 우선 퇴계 어른의 묘소부터 찾기로 했다. 거기서부터 거슬러 올라오는 편이 낫다는 것이었다. 묘소로 가는 길, 열화민박에서 개울 아래쪽으로 얼마 내려가지 않아서 공옥 선생이 손가락으로 왼쪽을 가리킨다.

"저기가 계상서당 자리래. 도산서당을 짓기 전에 선생이 공부하시던 곳이야. 저 건물은 새로 지은 것 같지?"
공옥 선생이 가리키는 곳을 보니 시내가 내려다보이는 야트막한 산기슭에 자그마한 한옥이 서 있다. 정말 새 건물처럼 주변이 깨끗했다.

"그러니까 이 시내를 건너다니시면서 공부를 하신 거지. 저기가 퇴계 종택이거든."

문회 선생이 길 오른편의 한옥을 가리키며 말했다. 왼편의 계상 서당 자리에는 방 두 칸 정도의 작은 집이 있었는데 오른편 종택은 제법 규모가 컸다.

"종택이라면 퇴계 어른의 후손들이 사는 곳인가요? 퇴계 어른은 시내를 사이에 두고 집과 공부방을 왔다갔다하신 거군요. 그런데 저 기는 꼭 공원 같네요?"

"퇴계 종택이 문화재로 지정되면서 한쪽에 공원도 만들었어."

미영이의 대답이었다.

"그럼 묘소를 보고 나서 종택도 들러 볼까?"

문회 선생이 차를 길 한편에 세우면서 말했다. 열화민박에서 차 로 5분도 걸리지 않는 곳, 바로 여기에 어른의 묘가 있는 것이다.

"자, 저 위에 묘소가 있어."

문회 선생이 가리키는 곳은 길가에서 보이는 산언덕이었다. 그러 고 보니 오른편으로 퇴계 어른의 묘소임을 알리는 팻말도 서 있고 산을 오르기 쉽도록 길도 좀 다듬어져 있었다.

"그럼 올라가 볼까?"

앞장서는 미영이 뒤로 달중이가 따랐다. 길은 생각보다 가팔랐 다. 보통의 계단보다 경사가 더 심한 것 같았다. 직선거리는 어떨지 모르지만 다른 곳을 오를 때보다 무릎을 더 가슴 가까이 들어야 했 다. 숨이 턱턱 찼다. 누군가가 만들어 놓은 나무 턱이 없었다면 이 길은 정말 오르기 어려웠을 것이다. 날은 여전히 찼지만 가파른 산길을 오르느라 달중이는 추운 것도 잊었다.

오르던 길이 왼쪽으로 살짝 비켜서는가 했더니 드디어 묘소가 나타났다. 그런데 무덤 한편에 앉아 있던 한 남자가 달중이 일행을 보고서는 깜짝 놀라더니 반대편으로 내려간다. 이런 날 이런 곳에 앉아 있는 사람이 다 있다니.

묘소는 생각보다 단출했다. 보통 사람들의 무덤보다는 컸지만, 퇴계 어른의 명성에 비해서는 그리 큰 봉분이 아니었다. 텔레비전에서 보았던 유명한 사람들의 묘에 비해 어른의 묘는 큰 편이 아니었고, 현충원에 단체 견학 갔을 때 본 이전 대통령들의 묘소와 비교하면 오히려 초라한 느낌이었다.

"돌아가실 때 이야기 좀 해 주세요."

문회 선생을 보며 달중이가 말했다.

"돌아가시기 닷새 전에 평소에 아끼시던 매화 분재를 옮기라고 하셨대. 그때가 음력 12월, 겨울이었거든. 참, 다른 사람에게서 빌린 책도 돌려주라고 하셨대. 그때는 책이 정말 귀한 때였잖아?"

공옥 선생의 대답이었다. 공옥 선생은 이야기를 이어 나갔다.

"그 다음 날에는, 그러니까 돌아가시기 나흘 전이지? 그날에는 조카를 부르셨대. 부르셔서는 장례를 검소하게 하라고 하셨대. 임금님이 국장으로 지내라고 하셔도 사양하고 값비싼 비석 같은 것도 세우지 말라고 하셨대. 그저 도리에 맞게 차분히 하라고. 퇴계 어른의 평소 모습이시지?"

"그랬군요. 어쩐지 생각보다 묘가 크지 않네요."

그분은 그러셨겠지, 조분조분한 말투로. 그분의 온화한 얼굴이 눈앞에 떠올랐다.

"그리고는 12월 8일이 되었어. 퇴계 어른은 그날도 분재 매화에 물을 주라고 하셨대. 바로 그날 오후 5시쯤, 집 마당에 눈이 쌓여 가는데 앉으신 채로 돌아가셨대. 책에는 그 날 흰 구름이 집 위로 모여들었다고 해."

"네, 그러셨군요. 그때 연세가 어떻게 되셨어요?"

달중이는 목이 메어 왔다. 정말 그분을 만난 것인지 아직도 꿈 같기는 했지만 그래도 그분의 조용조용한 말투며 단정한 몸가짐이 떠오르면서 목 안쪽이 따끔거려 왔다.

"그때가 70세였으니 당시로도 장수하신 셈이지."

"그게 언제쯤이에요? 몇백 년 전이에요?"

"퇴계 선생은 1501년에 태어나서 1571년에 돌아가셨어. 얼마 전 퇴계 탄생 500주년 기념행사가 대대적으로 열렸는데……."

언덕 아래로 멀리 들판과 강이 보였다. 이 앞의 나무들은 500년 전에도 있었던 것일까? 선생은 여기서 저 아래 한가로운 동네를 굽어보고 계셨나 보다.

"비문과 묘갈명 얘기도 좀 해 주지 그래요?"

공옥 선생의 말에 문회 선생이 이야기를 꺼냈다.

"그럴까? 여기 큰 글씨 보이지? 이렇게 비석 앞면에는 비문을 적는데 퇴계 선생은 그걸 손수 지으셨어. 보통 거기에는 '영의정을 지낸 누구의 묘' 뭐 그렇게 쓰는데 퇴계 어른은 '퇴도만은진성이공지묘(退陶晩隱眞城李公之墓)'라고만 적도록 하셨어."

"그게 무슨 뜻인데요?"

"'퇴도만은진성이공지묘'는 도산으로 물러나 늦게 은거한 진성이씨의 묘, 뭐 이런 뜻이거든. 흔히 비석에 쓰는 벼슬에 대한 언급은 하나도 없는 거지."

"그럼 이 뒤의 작은 글씨들은 뭔가요?"

"그건 묘갈명이야. 비석에다가 그 사람의 생애와 약력에 대해 적어 두는 묘갈명이라는 것이 있거든. 그 중 일부분을 퇴계 선생이 손수 쓰셨단다."

"자기 묘갈명을 스스로 지었다고요?"

"아, 전체를 다 쓰신 건 아니고 일부를 말이야. 이분은 아무래도 좀 겸손하고 소박하셨던 것 같아. 아까 공옥 선생이 이야기해 준 국장을 거절하라는 것만 봐도 그렇지 않니? 퇴계가 워낙 당대에 학문적으로나 벼슬로나 조선을 대표하는 인물이었으니까 이 사람이 죽게 되면 나라에서는 국가 원로를 대우하는 차원에서 국장을 치를 수도 있거든. 그러니까 미리 조카에게 이야기한 거야. 만약 나라에서 국장을 명해도 사양하는 상소를 올리라고. 그런 분이니 사후에 자신의 삶이 과도하게 평가되는 것도 경계하셨던 거지."

"네. 그 어른은 그러셨을 것 같아요."

"달중이 너는 꼭 퇴계 어른의 제자처럼 말하네?"

미영이가 운동화 끈을 고쳐 매며 말했다.

"그러게. 하여튼 퇴계 선생은 비석 앞면에는 '퇴도만은진성이공지묘'라고만 쓰고 돌의 뒷면에는 세계(世系)와 행실에 대해서만 간략히 쓰라고 한 거야. 세계와 행실이란 건 집안, 그러니까 가계와 일생에 관한 서술이고. 그건 기고봉이 썼다."

"기고봉이 누구예요?"

"고봉 기대승. 당시 호남에서 가장 뛰어난 젊은 유학자였어."

문회 선생이 바지에 묻은 흙을 툭툭 털며 말했다.

"선조 임금이 퇴계 이후에, 이를테면 차세대 주자가 누구냐 이렇게 물으면 퇴계는 항상 기고봉이라고 말씀하셨대. 두 사람이 처음 만났을 때 고봉은 서른두 살, 퇴계는 쉰여덟이었다지?"

"퇴계 어른의 시대에는 율곡 이이도 있었잖아요? 그런데도 기대승을 더 치셨나요?"

미영이의 말에 달중이도 잠시 율곡을 떠올렸다. 신사임당의 아들, 십만 양병설, 그런 것들이 생각났다.

"그러셨다네? 율곡과는 나이 차이가 기고봉하고보다 더 많이 났어. 하지만 그것 때문만은 아니고 하여튼 퇴계 선생은 율곡보다 기고봉을 더 낮게 생각하셨던 것 같아."

"두 사람은 편지로 성리학의 문제에 관해서 토론을 했어. 그걸 사단칠정(四端七情) 논쟁이라고 하는데, 퇴계 선생이 돌아가실 때까지 무려 13년 동안이나 편지가 오고 갔대."

그러고 보니 달중이가 떠나오던 날 퇴계 어른이 사단칠정에 대한 토론을 더 해 보자고 하셨던 것이 생각났다. 누군가의 편지를 가지러 방으로 들어가셨는데 그게 기고봉 편지였나?

"사단칠정이요? 학교에서 배웠는데."

미영이가 말했다.

"그래? 그럼 잘 알겠네?"

"사단에는 측은지심, 수오지심, 또 뭐가 있더라? 칠정은 희로애구애오욕(喜怒哀懼愛惡欲) 이렇겠데."

"사단이나 칠정이나 다 인간의 마음이야. 그런데 사단과 칠정이 조금 다르단다."

"어떻게요?"

"우물에 아이가 막 빠지려고 하는 것을 보는 순간, 이 아이를 구해 주어야겠다는 마음이 드는 거, 이거는 사단이야. 언제나 옳고 정당한 일에 나타나는 마음."

"그럼 칠정은요?"

"칠정은 상황에 따라 정당한 것이 될 수도 있고 그렇지 못할 수도 있는 그런 마음이야. 예를 들면 어떤 일에 화가 나는 마음. 화를 낼 만한 상황에서 화를 내었다면 그것은 정당한 마음이지만 또 그렇지 않을 때도 있잖아. 이런 것은 칠정이지."

"아까 사단 이야기했었지? 가엾게 여기는 마음―측은지심(惻隱之心), 부끄러움을 아는 마음―수오지심(羞惡之心), 겸손한 마음―사양지심(辭讓之心), 옳고 그름을 판단하는 마음―시비지심(是非之心). 이런 마음들은 어느 경우에나 그 자체로 순수한 마음이야."

"그럼, 칠정은요?"

"칠정은 일곱 가지로 나타나는 마음이야. 감정이라고 하면 더 쉽겠네. 기쁘고 성나고 슬프고 두렵고, 이게 희로애구(喜怒哀懼) 네 가지지? 여기다가 사랑하고 미워하고 욕망하는 것, 애오욕(愛惡欲) 이렇게 세 가지 해서 일곱 가지란다. 그런데 이런 감정들은 언제나 정당한 감정은 아니지. 상황 따라 그 정당성이 달라지는 감정이야. 예를 들어서 매국노를 미워하는 것은 정당한 감정이지만 친구를 미워하는 것은 그렇지 않잖니?"

"정말 다르네요, 두 가지가. 그런데 퇴계 어른과 고봉 선생은 뭘 논쟁한 거예요?"

"퇴계 선생은 사단은 리(理)가 발한 거, 그러니까 리가 드러난 거고, 칠정은 기(氣)가 발한 거라고 주장했었어. 그런데 고봉이 이의를 제기한 거지. 그런 주장은 리와 기를 분리해서는 안 된다는 원칙에 어긋나는 것이라고. 오히려 선하기도 하고 악하기도 한 여러 감정이 칠정인데 그 가운데서 선한 감정들만 따로 사단으로 보는 것이 어떠냐고."

"그러니까 기고봉의 얘기는, 오히려 사단은 칠정에 포함되고, 칠정 가운데 순선한 것만을 따로 사단으로 보아야 한다는 그런 얘기였지."

"퇴계 선생의 얘기와는 좀 다른 거네요?"

"그렇지? 그랬더니 퇴계 선생이 리를 위주로 하는 것이 사단이고, 기를 위주로 하는 것이 칠정이라고 자신의 견해를 정리했지."

"자신의 견해를 수정한 셈이네요?"

"그런 셈이지. 그렇지만 사단과 칠정을 구분해서 보아야 한다는 원래의 생각은 바꾸지 않았어. 퇴계 선생은 기보다는 리가 더 존귀하다고 보았거든. 그러니까 당연히 리에서 나온 감정인 사단과 기에서 나온 감정인 칠정을 구분해서 보려고 했겠지."

"그런데 리는 뭐고 또 기는 뭐예요? 너무 어려워요. 그리고 왜 그런 논쟁들을 해요? 다 마음에 대한 논쟁 아닌가요?"

"아, 리와 기도 설명을 해야 하는구나. 나는 당연히 그건 아는 줄 알았지."

"조선 유학사는 심성론과 수양론이 그 중심이었어. 다 마음에 관한 공부를 중시한 거지. 그러다가 너무 수양론만 말하지 말자, 현실

문제도 생각하자고 나온 게 실학이야. 그렇다고 실학자들이 수양론
의 가치를 무시한 것은 아니지만. 이건 조금 어려운 이야기니까 다음
에 다시 이야기하기로 하고."

"예. 하여튼 그 기고봉이 묘갈명을 쓴 거군요? 그런데 퇴계 어른
에게는 제자도 많았는데 어떻게 기대승이 그걸 짓게 된 거죠? 기대승
도 퇴계의 제자였나요?"

"아니. 다른 제자들이 퇴계의 가르침을 받는 제자였다면 기고봉
의 경우는 대등하게 논쟁을 했던 상대였어. 기고봉과 편지로 논쟁한
걸 보면 나이가 한참 어린 기대승의 의견을 듣고 퇴계 자신의 견해를
수정하기도 하고, 어떻게 보면 때로는 스승처럼도 대했다니까. 사단칠
정 논쟁에서 기고봉의 이의 제기를 수용해서 자신의 견해를 바꾸었
다고 했었지? 퇴계에게 있어 기고봉은 함께 학문을 토론할 수 있었
던 상대가 아니었을까?"

"스승이라면 좀 그렇고, 하여튼 그렇게 나이가 어린 사람과도 대
등하게 학문을 토론한다는 게 지금도 쉬운 일이 아니거든."

"그렇단다. 퇴계 선생 당대에도 남명 조식이란 분은 유학의 종장
이 그렇게 나이 어린 사람과 그런 논쟁을 하는 것은 옳지 않다고 비
판했거든."

"하여튼 퇴계 선생이 생각할 때 자신의 사후에 명을 짓게 되면
아마도 기대승이 짓게 될 텐데 그 사람은 분명히 자기를 실상보다 과

장해서 쓸 테니까 아예 스스로 명을 지은 거지. 퇴계 선생은 자신을 높이는 걸 원치 않았던 거야. 자신의 진실한 뜻이 왜곡될 것에 대한 두려움이랄까? 자신의 삶을 진솔하게 보여 주고 싶었던 것 같아."

"실제로 기고봉이 묘갈명을 지을 때는 퇴계의 유계가 있으니 과장되게 쓸 수는 없었고, 그렇다고 이런 대가(大家)의 삶을 간략하게 쓸 수도 없었고, 아마 고민이 많았을 거야."

"기고봉은 퇴계 선생 돌아가시고 겨우 2년을 더 살았지요?"

"그래, 겨우 2년을 더 살았지."

"퇴계 어른 스스로 쓴 묘갈명 내용도 굉장히 인상적이야. '나면서부터 크게 어리석었고 커서는 병이 많았다. 중년에는 어쩌다 학문을 좋아하였고 만년에는 어쩌다 벼슬을 탐했던고.' 이렇게 시작된단다."

"실제로 병이 많으셨어요?"

"음, 지병이 많았던 것 같아. 병 때문에 벼슬을 사양한 경우가 여러 차례 나오거든. 그래서 늘 체조를 하셨지. 일종의 스트레칭이라고 보면 되겠지? 활인심방(活人心方)이라고."

"아, 그거요. 맞아요, 스트레칭."

달중이는 그곳에서 퇴계 어른이 조용히 운동하는 것을 보았다. 아주 이른 아침 아직 많은 사람이 잠들어 있던 그 시각, 퇴계 어른은 마루에 앉아 팔다리를 쭉 뻗으며 체조를 하고 계셨다. 그래, 그게 활인심방이었구나.

"그러고 보면 퇴계 선생은 체육 선생님이기도 하시지? 게다가 스스로 약을 짓는 한의사이기도 했단다."

"정말이에요?"

"그럼. 아들에게 약을 지어 보냈다는 기록이 있어. 실제로 사향소합원(麝香蘇合元)이라는 약을 만들었는데 위장병을 치료하는 약이래. 명치 쪽의 체기를 풀어 주고."

"옛날 사람들은 그렇게 스스로들 약을 지었어요?"

"다 그랬는지는 모르지만 유학자들은 의서를 볼 수 있었기 때문에 기본적으로 의술을 알고 있었단다. 다산 정약용도 약을 지었다는 기록이 있고, 윤선도는 세자가 아프다니까 약을 지으러 서울로 올라갔다는 기록도 있어. 사람이 아픈 것에 대한 종합적 판단은 유학자들이 했다고 볼 수 있지."

"그렇군요."

"자, 그럼 이제 내려가 볼까?"

문회 선생이 앞장서고 그 뒤를 공옥 선생과 미영이가, 그 뒤로 달중이가 따랐다. 올라올 때보다는 내려가기가 쉬워서 언덕 아래 들녘까지 바라볼 여유가 생겼다. 이렇게 조용한 곳에서 쉬시다니 퇴계 어른의 묘소가 명당인 것 같았다.

문회 선생의 차에 올라타다가 갑자기 미영이가 말했다.

"선생님, 혹시 육사 시비(詩碑)에 가 보셨어요?"

“아니? 육사 시비가 여기에 있어?”

“네, 제가 안내할게요. 차 돌리지 마시고 저리로 조금만 더 들어
가세요.”

“육사 시비라니?”

“응, 시인 이육사의 시를 새겨 놓은 시비 말이야. 이육사가 여기
사람이거든.”

“맞아. 육사도 퇴계의 후손이지 아마? 진성 이씨라던데?”

미영이의 안내로 도착한 곳은 그냥 시골 길이었다. 그 시골 길 중
간에, 집과 집 사이로 난 도로변에 동글동글한 공룡 알 같은 금빛 알
들이 여러 개 놓여 있고 그 가운데 돌로 만든 시비가 서 있었다. 그
시비에는 ‘청포도’라는 이육사의 시가 새겨져 있었다.*

“원래 이육사의 이름은 이원록이래요. 독립운동하다가 잡혀서
옥에 들어가 있을 때 그때의 수인 번호가 264번이어서 이육사라는
필명을 갖게 되었다고 하구요. 국어 시간에 이육사의 시가 한시의 영
향을 받았다는 이야기를 하면서 이육사 집안이 한문 공부 많이 하
는 집안이라고 했었는데 그게 안동이었네요. 하긴 퇴계 어른의 후손
이면······.”

“달중이가 어떻게 그렇게 잘 아니? 문학 소년이구나, 너.”

공옥 선생의 칭찬에 달중이는 멋쩍어졌다.

“저기, 사실은 2학년 때 국어 선생님이 좀 예쁘셨거든요.”

"류시원 팬이 등 떠민다고 안동에 온 것보다 국어 선생님 예쁘다고 이육사 시 공부한 게 좀 낫다, 그치?"

미영이가 입술을 삐죽거리며 달중이를 놀렸다. 달중이는 못 들은 척 육사 시비의 '청포도'를 크게 읽었다.

"내 고장 칠월은 청포도가 익어 가는 시절……."

"미영이 덕에 육사 시비를 다 봤네. 고맙다. 역시 예비 국문학도라 다르긴 다르단 말이야."

돌아오는 차 안에서 문회 선생이 말했다. 미영이의 입가에 미소가 번졌다.

"제가 안동 사람이어서가 아니라 저는 원래 육사의 시를 좋아했어요. 시와 삶이 그대로 일치하잖아요."

"하긴 그래. 저항시를 쓰기도 했지만 육사는 자기가 직접 독립운동에 나섰잖아. 결국 독립은 못 보고 옥사(獄死)했지만."

달중이도 한마디 거들었다.

"이제 어디로 가지요? 퇴계 종택에 들러야겠지요?"

공옥 선생의 물음에 문회 선생은 고개를 끄덕이고는 개울 위로 놓인 공사 중인 다리를 건너 왼편 집 앞에 차를 세웠다. 찾아오는 사람이 많은 듯, 집 앞 주차장에는 재활용을 위한 분류 쓰레기통도 놓여 있었다.

문회 선생이 이끄는 대로 커다란 한옥 대문 안으로 들어서자 언

땅이 녹아가는 것인지 땅이 질척거렸다. 방문에 바른 창호지는 그리 오래된 것 같지 않았지만, 집의 뼈대라고 할 수 있는 기둥들은 그냥 보기에도 세월이 많이 흐른 것 같았다.

"이렇게 그냥 들어가도 되나요?"

"음, 보통 종택들은 집을 공개하고 있어. 문을 열어 두고 있기 때문에 그냥 들어가서 조용히 보고 나오면 된단다. 종갓집들은 대개 오래된 집들이라 집인 동시에 문화재거든."

"그래서 사는 사람들은 힘들기도 해요. 어떤 사람들은 대청마루에 막 올라와서는 방문도 불쑥 열어 보고, 부엌에 들어와서 만드는 음식도 뒤적이고 그러거든요. 사생활 침해가 많은 편이지요."

미영이가 말했다. 그러고 보니 퇴계 집안의 사람인 미영이는 그런 어려움을 직접 겪기도 했을 터였다. 미영이의 마지막 말이 신경이 쓰여서도 그랬지만 빨리 도산서당에 가 보고 싶은 마음에 달중이는 문회 선생을 졸랐다.

"그러니까 이제 종택에서 빨리 나가요, 선생님. 그만 도산서당으로 가요."

"우리는 전에 여기 다 와 봤어. 네가 궁금해할까 봐 들른 건데. 그럼 어서 가자."

공옥 선생이 핀잔을 주었다.

오른편으로 계상서당 자리를 보면서, 또 열화민박을 보면서 잠시 차를 달리니 5분도 못 되어 주차장이 보인다. 가슴이 뛰기 시작했다. 저 아래가 바로 그곳이구나. 달중이는 어서 내리고 싶었다. 차를 세우고 입장료를 내는 그 짧은 시간도 달중이에게는 아주 긴 시간 같았다. 어서 빨리 서당에 가고 싶었다.

도산서당, 아니 이제는 도산서원인 그곳으로 가는 길은 잘 정리되어 있었다. 왼편으로는 산이고 오른편으로는 낙동강인 그 길은 쓰레기 하나 없이 말끔했다. 중간에 안내판도 있고 겨울인데 방문객도 적잖았다.

달중이는 뛰기 시작했다. 자신이 다녀왔던 그곳을 어서 확인하고 싶었다. 뒤에서 미영이가 부르는 소리며 문회 선생과 공옥 선생의 웃음소리를 한 귀로 흘리며 달중이는 뛰고 또 뛰었다. 숨이 턱에 찰 즈음, 드디어 달중이는 서당 앞에 섰다.

얼마 전 달중이가 왔던 그 서당과는 다른 모습이었다. 서당 가까이 흐르던 개울은 보이지 않고 강이 그때보다 훨씬 가까이 있었다. 그때 보았을 때는 모래톱이 있는 강이었는데 지금은 강물이 부쩍 많아지고 모래톱은 사라졌다. 서당 뒷산은 그냥 숲이고 산이었는데 지금은 건물들이 들어서 있었다. 저 건물이 있는 어디쯤에 아저씨가 나를 숨기려 한 바위틈이 있겠지. 서당 앞에 자라고 있는 나무들은 대개 그때는 없던 것이다. 하긴 그때가 500년 전이었으니. 그렇게 오래 산 나무는 없는 것 같았다.

서당 안으로 들어서니 그 마루, 그 쪽방이 다 그대로였다. 마루를 어루만지며 서당 안을 보니 금방이라도 체조하시던 퇴계 어른이 나올 것 같았다. 그게 활인심방이라고 했던가? 왼쪽으로 보이는 농운정사, 서당 앞 연못, 내가 물 긷던 열정까지 다 반가웠다. 연못 앞에는 '정우당'이라는 팻말이 붙어 있고, 새로 담을 친 것인지 퇴계 어른이 가꾸시던 자그마한 꽃밭은 담 밖으로 밀려나 있었다. 그곳에도 안내판이 있었다.

'절우사—선생께서 매화, 대나무, 국화, 소나무를 몸소 심어 가꾸시면서 자연을 벗 삼아 즐기시던 화단이다.'

그랬다. 나는 이곳에 왔던 것이다. 나도 이해할 수 없는 어떤 힘에 의해 500년 전 이 도산서당에 왔던 것이다. 건물들이 늘어나고 이곳이 서원이 되기 훨씬 전, 퇴계 어른이 제자들과 글을 읽던 그 도산서당, 도산서원이 아닌 도산서당에 내가 왔던 것이다. 그리고 나는 지금 500년 세월이 흐른 이곳에 다시 왔다. 역시 설명할 수 없는 어떤 힘에 의해 다시 현대로 온 내가 지금 여기에 서 있는 것이다.

짧은 시간이었지만 그때의 도산서당을 생각하니 또다시 목이 메어 왔다.

"너는 혼자 왜 그렇게 뛰는 거야?"

어느새 따라온 미영이가 등을 탁 치며 말했다. 저기서 문회 선생 부부가 걸어오는 것이 보였다.

"어, 너무 와 보고 싶던 곳이라. 미안해."

"미안하긴. 그런데 생각보다 집이 작지 않니?"

"응, 그러네. 정말 작네."

도산서당은 여전히 작았다. 어른 너덧 명이 올라가 앉으면 꽉 찰 것 같은 마루, 사람 셋이 누우면 돌아눕기도 어려울 것 같은 작은 방, 여기에 퇴계 어른이 계셨던 것이다. 이렇게 좁은 곳에 계시면서도 그 어른은 얼마나 단정하셨던가.

"원래 여기 서당이랑 저기 농운정사, 또 저 아래 저 건물 정도가 퇴계 어른 계실 때 있던 거고 다른 건물들은 후대에 제자들이 지은 거래. 퇴계 어른을 모시면서 제사도 지내고 공부도 하는 서원이 된 거고."

미영이가 농운정사와 역락서재(亦樂書齋)를 손으로 가리키며 자세히 일러 준다. 달중이는 그저 조용히 들을 뿐이었지만 귓가에는 예전의 그 조용조용했던 퇴계 어른의 음성이 들리는 듯했다.

"달중이의 도산서원 사랑이 대단한걸? 전교당(典敎堂)이랑 다 둘러본 거야?"

공옥 선생이 물었다.

"아니요, 아직. 그런데 안 봐도 되겠어요. 저는 여기가 궁금했거든요. 참, 농운정사."

달중이가 농운정사로 내려갔다. 서생들이 공부하던 지숙료며 관란헌, 시습재가 눈에 들어왔다. 내가 저곳을 청소했는데. 저 관란헌에서 배씨 아저씨가 가을밤을 감상했다고 했었는데. 아, 배씨 아저씨는 어떻게 되신 건지.

농운정사 뒤편의 아궁이도 찾아보았다. 그러나 달중이가 분이 아배, 삼돌이와 함께 잠을 잤던 토방은 보이지 않았다. 그러고 보니 아궁이 쪽 구조가 조금 달라진 것도 같았다.

"여기는 이를테면 기숙사였대. 학생들 공부 열심히 하라고 건물 모양도 공부 공(工) 자로 지었대. 이런 데서 공부하면 진짜 공부 잘되지 않겠어?"

어느새 따라온 미영이가 말했다.

"그럼, 정말 공부하기 좋은 환경이지. 저 앞에 내려가서 강이나 구경할까?"

달중이는 강이 내려다보이는 곳으로 갔다. 마당에 있는 큰 나무들에는 이름과 수령을 알리는 이름표들이 붙어 있었다. 역시나 수령 400년 정도의 나무들만 있었다. 예전에 있던 그 나무들은 다 잘려나간 걸까?

"원래는 강물이 저기로 흘렀는데 안동댐을 만들면서 여기 수위가 높아졌대. 그래서 저기 있던 저 시사단은 높이만 좀 높게 해서 살려뒀대."

미영이가 손으로 가리키는 곳을 보니 강 가운데 돌로 쌓은 섬 같은 것 위에 정자가 하나 있었다.

'시사단(試士壇)—저 비각은 조선 시대 지방 별과를 보았던 자리를 기념하기 위해 세운 것이다. 정조대왕께서 퇴계 이황 선생의 유덕을 추모하며 그 16년(1792)에 관원 이만수를 도산서원에 보내어 임금의 제문으로 제사를 지내게 하고 그 다음 날 이곳 송림에서 어제(御題)로 과거를 보였는데 응시자가 무려 7천 명에 달했다고 한다. 비문은 당시 영의정인 번암 채제공의 글씨다. 안동댐 수몰로 송림은 없어지고 단만이 현 위치에서 지상 10미터 높이로 축대를 쌓고 그 위에 과거의 자리를 표해 두고 있다.'

"7천 명이 한자리에서 시험을 봤다니 대단하지 않니?"

미영이와 달중이가 시사단 안내판을 읽는 사이 문회 선생과 공옥 선생이 곁으로 왔다.

"당시에는 노론의 힘이 세던 시절이니까 남인인 채제공이 남인의 세를 한번 과시했다고 볼 수 있지 않겠어?"

문회 선생이 공옥 선생에게 말했다.

"하하하. 그렇게 볼 수도 있겠네요. 그런데 그거 정설이에요?"

"아니, 그렇게 생각해 볼 수도 있지 않나 싶어서. 안 그래?"

"그렇게 볼 수도 있겠네요."

공옥 선생이 상냥하게 말했다.

"저쪽에 문화해설사가 있던데 함께 가 볼까?"

달중이네 일행이 천천히 걸어 입구 쪽으로 나오는데 문화해설사
가 한 무리의 사람들 곁에서 설명하고 있었다. 달중이네 일행이 문화
해설사 근처로 가는데 앞사람들이 설명을 다 들은 것인지 하나둘씩
입구 쪽으로 간다.

"잘 들었어요. 고맙습니더."

"설명을 들으니 훨씬 쉽네. 들어갈 때 듣고 갈 낀데……."

몇 마디씩 남기며 사람들이 떠나가고 달중이네 일행만 남았다.

"수고하십시다. 안동 분이세요?"

문회 선생의 인사에 문화해설사가 웃는다. 밖에 서 있는 일이 많
아서인지 옷을 두툼하게 입고는 있었지만, 옷 색깔이나 화장은 아주
화사했다.

"예, 다 보고 나오시능가 봐예."

사투리가 조금은 순화된 말투였다.

"예, 다 봤습니다. 안동 분이시면 여기는 예전부터 많이 오셨겠네
요?"

"그렇지요, 뭐. 쪼마날 때부터 소풍도 요리 오고 그랬지요."

"안동 정기로 크셨네요, 그럼."

문회 선생의 농담에 모두 한바탕 웃었다.

"제가 쪼마날 때는 여기가 싫었어요. 길도 꼬불꼬불하고요, 소풍
온다꼬 멀리까지 그래 다니는 기이 싫었어요. 뭐 볼 거 있다고 사람

들이 저리 몰려오나 그랬지요."

"그러셨어요? 재미있네요. 우리는 안동 분들은 모두 안동에 대한 자부심이 가득하신 줄 알았는데."

"어릴 적에 그랬다고요. 지금은 자부심 가득하지요."

문화해설사의 대답에 모두 또 한 번 웃었다.

"문화해설사는 어떻게 되셨어요? 따로 교육 기관이 있나요?"

"어데예. 그냥 다 우리 스스로 공부해서 하는 겁니다. 저는 원래 자원봉사를 했었는데 우연히 기회가 되어서 문화해설사가 되었습니다."

"자원봉사요?"

"예, 그냥 사람들에게 유적 안내하고 안동 소개하고, 그런 자원봉사를 했었습니더."

"그런데 문화해설사로 이를테면 특채되신 거군요?"

"그런 셈이지예. 그래도 문화해설사 되면서 교육을 따로 받은 거는 아니고, 우리 스스로 공부해서 설명하는 겁니더."

"그래요? 어디 대학원 과정이나 그런 것이 있는 게 아니었어요?"

문회 선생도 의외라는 듯 말했다.

"그럼요. 다 우리가 공부해서 하는 겁니더."

"외국에서는 안동이 한국 유교의 메카로 알려졌대. 한국의 전통, 한국의 유교, 이러면 안동을 꼽는다더구나. 물론 그렇게 된 데는 퇴계 선생의 공이 지대하다고 볼 수 있지. 그러니까 도산서원을 찾는 외국인도 당연히 많겠지? 예전에 영국 여왕이 방한했을 때도 안동의 하회마을을 찾았잖아. 국내보다도 외국에서 더더욱 가치를 인정받고 있는 곳이지. 국학진흥원도 안동에 있잖아."

"국학진흥원이요?"

"응, 나라에서 만든 일종의 한국학 연구원이지."

공옥 선생의 대답을 듣던 달중이가 무심코 고개를 돌렸다. 그런데 거기 아까 그 남자가 보였다. 퇴계 어른의 묘소에서 보았던 그 사람이었다.

"아까 거기서 본 아저씨잖아?"

미영이도 알은체를 한다. 문회 선생이 그 말에 잠깐 고개를 돌렸지만 이내 문화해설사와 이야기를 나누느라 다시 돌아섰다.

그 사람은 고개를 반쯤 숙이고 걷고 있었다. 옷이 좀 낡아 보이는 것 말고는 다른 사람들처럼 평범한 붉은 등산복을 입고 있었는데, 달중이는 이상하게 자꾸 그 사람이 마음에 걸렸다. 그 사람의 걷는 모양이라든가 고갯짓 같은 것이 괜스레 눈에 익었다. 그 사람은 잘 아는 길인 듯 서원 입구의 흙길을 거침없이 걷고 있었지만, 전반적으로 태도가 조심스러웠다.

"저분예?"

문화해설사가 말했다.

"저분, 아세요? 아까 퇴계 어른 묘소에서도 얼핏 봤는데."

미영이가 의외라는 듯 문화해설사에게 물었다.

"저분은 자주 오십니더. 하루에 한 번은 꼭 오시고예, 눈이 많이 오는 날도 거르시는 일이 없습니더."

문화해설사의 말을 들으면서 달중이는 갑자기 좀 전의 그 아저씨와 이야기를 해 봐야겠다는 생각을 했다.

"저, 죄송한데요, 서원에서 빼먹고 못 본 게 있는데 잠깐만 다시 보고 오면 안 될까요?"

"그래? 아까 그렇게 서두르더니."

공옥 선생이 나무라는 듯 말했다.

"그래, 그럼 어쩐다?"

문회 선생이 난감해하자 공옥 선생이 얼른 대답한다.

"그럼 달중이는 가서 다시 둘러보고 오고, 우리는 저 앞에 서점에나 가 봐요. 서원 앞에 서점 있는 곳이 드물잖아요. 퇴계 선생 관련된 책만 모아 놓은 데니까 새로 나온 자료 뭐 없나 구경도 하고요. 괜찮지요?"

문회 선생이 고개를 채 끄덕이기도 전에 달중이는 서원 쪽으로 달리기 시작했다.

"또 뛴다. 왜 그리 서두르니, 천천히 하잖고서. 천천히 다 둘러보고 와라."

등 뒤로 문회 선생의 핀잔을 들으며 달중이는 뛰어갔다. 조금 전의 그 아저씨가 저 앞에 가고 있었다.

"아저씨! 아저씨!"

그런데 그 아저씨는 돌아보지 않았다. 저 앞으로 걸어가는 한 무리의 사람들을 제외하고 이 부근에 사람이라고는 그 아저씨뿐인데도 아저씨는 고개를 돌리지 않았다.

"아저씨, 저, 잠깐만요."

그 남자는 그제야 고개를 잠깐 들더니 달중이를 흘끗 보고는 다시 걷는다.

"저, 아저씨, 잠깐만요. 예?"

달중이가 헐떡이며 다시 아저씨를 불렀는데도 아저씨는 고개도 안 든다.

"아저씨, 이 부근에 사세요?"

"……."

남자는 달중이를 한 번 쳐다보더니 아무런 대답이 없다.

"아니요, 그냥 여쭤 보고 싶은 것도 있고 그래서. 딴 건 아니고요, 그냥 도산서당에 왜 자꾸 오시나 궁금해서요."

갑자기 아저씨가 걸음을 멈춘다.

"아니요, 왜 자꾸 여기에 오시나, 날마다 오신다니까 그 이유가 궁금해서요. 이 부근에 사신다고 해도 날마다 오신다니까 뭔가 이유가 있으신 거 아닌가 하고. 딴 건 아니고."

“…….”

아저씨가 무슨 말인가 하려다가 다시 걷기 시작한다.

“죄송해요. 그냥 꼭 여쭤 보고 싶었어요. 전에 뵌 적이 있는 것 같지는 않은데 그냥 이상하게 낯이 익어서요. 그래서 그냥…….”

“아까 도산서당이라고 하셨나?”

다시 멈춰 선 아저씨가 드디어 입을 열었다. 아저씨의 말씨는 경상도 사투리가 분명한데 달중이는 그 말을 듣는 순간 자기가 공상을 하는 것은 아니라는 생각을 했다.

“네, 도. 산. 서. 당.”

달중이는 한 음절씩 끊어서 말했다.

“…….”

“아저씨도 도산서당에 오시는 거죠? 도산서원이 아니라 도산서당. 그렇죠?”

갑자기 아저씨가 주저앉았다. 그러더니 고개를 들어 다시 달중이를 바라보았다.

“자네는 누군가?”

“저는……. 그보다 아저씨는 누구신가요?”

아저씨 앞에 쪼그려 앉으며 달중이가 말했다.

아무 말 없이 아저씨가 다시 일어나 걷기 시작했다. 달중이가 뒤를 따라가며 말했다.

"아까 퇴계 어른 묘소 앞에도 계셨었고. 아저씨는 누구세요?"

서원 앞 강변이 내려다보이는 곳에 아저씨가 섰다. '천연대'라고 쓴 안내판이 보였다. 낙동강을 내려다보며 아저씨는 가만히 서 있었다. 말을 고르는 걸까?

"자네는 누꼬? 왜 도산서원이 아닌 도산서당에 온 건가?"

"네?"

"자네는 왜 도산서당에 온 거냐고? 왜 오싰나?"

"역시."

달중이의 가슴이 뛰었다. 흥분되어 말이 마구 나왔다.

"이럴 수가! 전 설마 했어요. 전 혹시나 했어요. 그런데 아저씨도 아시는군요. 저는요, 아저씨 걸음걸이나 말씨가 요새 분들과는 다르다고 생각했어요. 정말 달라서 이상하다고 생각했어요. 제가 만났던 사람들과 너무 비슷하다고 생각했어요. 그분들과 정말 비슷했거든요. 그래도, 그래도 혹시나 했는데."

"그럼 자네도?"

아저씨가 놀라며 말했다.

"그럼 자네도 도산서당을 아시는가? 정말 아시는가?"

"네, 저도 알아요. 어떻게 된 일인지는 알 수 없지만, 저도 도산서당을 알아요. 가 봤어요, 저도."

달중이의 대답에 아저씨가 갑자기 달중이의 두 손을 힘껏 잡았다. 아무 말 없이 달중이의 두 손을 꼭 쥐고는 고개만 끄덕인다. 그러더니 이번에는 굵은 눈물을 뚝뚝 흘린다.

"정말 도산서당을 아시는가? 거길 다녀왔다꼬?"

"네, 정말이에요. 저도 영문을 알 수 없지만, 어떻게 된 일인지 알 수 없지만 저도 분명히 그곳에 다녀왔어요. 정말이에요."

"그래, 내는 아무도 내를 믿어 주지 않을 끼라고 생각했네. 내 말을 알아듣지 못할 끼라고……. 내 말고 또 누가 그런 일을 겪었으리라고는 생각도 몬 했네."

"저도 제가 어떻게 거길 다녀온 건지 모르겠어요. 그냥 정신을 잃었는데 도산서당이었고, 또 어떻게 깨어났는데 여기 안동이었어요."

"도산서당이라니?"

갑자기 등 뒤에서 미영이 목소리가 들렸다.

"그게 무슨 소리야? 너도, 아저씨도 도대체 무슨 얘기를 하는 거야?"

"어, 너는 왜……."

"그게 무슨 소리야? 너, 이 아저씨 알아?"

"아니야, 그런 게 아니고……."

"아니, 나 아까부터 들었어. 그게 무슨 소리니? 거길 다녀왔다는 게 무슨 말이야? 도산서당이라니? 여기 말고 또 다른 곳에 있어, 도산서당이? 무슨 소리야?"

아저씨에게 말을 거느라 미영이를 신경 쓰지 못한 게 문제였다. 문회 선생, 공옥 선생과 함께 당연히 서점에 갔으리라고 생각했던 미영이가 달중이를 따라왔을 줄은 생각도 못 했다. 미영이에게 어떻게 설명을 해야 할지. 아직 아저씨와도 제대로 이야기하지 못했는데.

"무슨 이야기인지 조금은 알 것도 같고 그렇지만 또 전혀 모르겠어. 내 생각에는 너와 아저씨가 어딘가 다른 곳에서 만났다는 것 같은데……."

"아니, 만난 것은 아니야. 그저 같은 곳을 알고 있을 뿐이지. 같은 경험을 한 거야."

"하여튼."

미영이가 달중이 말을 잘랐다.

"나는 자세히 듣고 싶어. 아저씨 말씀도 듣고 싶고."

"그렇지만 설명을 한다고 해도 너는 이해를 못 할 거야."

"그래도 듣고 싶어. 너도 이야기하는 편이 낫지 않겠니? 그렇지만 이건 또 우리끼리만 이야기할 수 없는 문제인 것 같아. 내 생각에는 문회 선생님과 공옥 선생님도 함께 이야기해야 할 것 같아. 아저씨가 괜찮으시다면 같이 이야기하는 게 좋을 것 같아. 그래야 하지 않겠니? 아저씨, 그렇지 않아요?"

"미영아, 그렇지만……."

"보소, 문회 선생이란 분이 누요? 또 공옥 선생이란 분은?"

“예, 공부하는 분들이세요. 유학을 공부하는 분들이신데 교수님들이세요. 지금 저희와 함께 퇴계 어른의 유적들을 돌아보고 계세요. 그렇긴 한데…….”

“그럼, 그래 합시다. 내는 그분들을 만나서 함께 이바구해도 좋아요.”

“아저씨, 그렇지만 그분들이 믿어 줄까요? 저 스스로에게도 잘 설명할 수가 없는데 어떻게 다른 사람들을 이해시키겠어요. 안 믿어 줄 거예요.”

“그렇다고 다른 방뻽도 없지 않은가? 내는 이제 더 버틸 수도 없네. 날마다 퇴계 어른의 묘소며 서당을 왔다갔다하지마는 이제 그걸로만은 몬 버티겠네. 내는 그분들을 만나겠네. 안 믿어 주머 그거는 그때 가서 다시 생각함세. 지금은 우짜겠나, 일단 말할 데가 있다는 것만도 내는 좋네. 유학을 공부하는 분들이라면 더 좋네. 가겠네.”

“아저씨.”

“그래, 달중아. 내 생각에도 네가 할 수 있는 건 별로 없을 것 같아. 무슨 일인지, 어떻게 된 일인지 다 들어 보고 선생님들과 의논하는 게 어떻겠어?”

미영이의 말에 반박할 얘기도 없었지만 일단 그 아저씨가 그러시겠다니 달중이로서도 더는 어쩔 도리가 없었다. 이제 문회 선생과 공옥 선생을 만나야 했다.

이 책의 초판이 발행될 당시에는 건축 중이던 이육사 문학관이 2004년에 완공되었다.
경상북도 안동시 도산면 백운로 525 소재.

들꽃 피는 언덕에서

들꽃 피는 언덕에서

다들 말이 없었다. 테이블 위에 놓인 찻잔의 차는 이제 다 식었다. 미영이가 몇 모금 마셨던 것을 제외하면 찻잔은 처음 놓인 그대로였다. 조용한 곳이 있다며 문회 선생이 '들꽃 피는 언덕'이라는 카페로 일행을 안내했을 때도 분위기는 냉랭했다. 달중이와 아저씨는 사람들에게 어떻게 설명할 것인가를 고민하느라, 또 미영이는 그 '같은 경험'이 무엇인지를 생각하느라, 공옥 선생과 문회 선생은 불청객에게 보여야 할 최소한의 예의에 대해 고심하느라 말이 없었다. 그러니 차를 주문할 때도 다들 별 느낌이 없을 수밖에 없었다. 차림표에는 '들꽃 향기 차'니 '가을 들녘 차'니 '추억의 차' 니, 심지어 '들장미 소녀 캔디 차' 같은 특이한 이름의 차들도 있었지만 일행은 고작 솔 내음 차, 둥굴레 차, 유자차 같은 평범한 이름의 차만 주문했다.

"차라도 좀 드세요."

공옥 선생이 아저씨에게 차를 권했다. 드디어 침묵이 깨진 것이다.

"처음에는 지도 이기 무슨 일인가 싶고 제게 일어난 일을 믿을 수가 없었습니더. 그러나 우짜겠습니꺼. 지는 지금 딴 세상에 와 있고, 다시 그리로 돌아가는 방법도 알지를 몬 하는데. 그래도 내 같은 경험을 한 사람을 만나고, 또 다른 분들께 이런 이야기를 할 수나 있어서 오늘은 그나마 낫습니더.”

“어떻게 이런 일이 있는지, 정말 믿을 수가 없네요.”

“글쎄 말이에요.”

“아저씨 얘기는 다 사실이에요. 이따가 열화민박 가면 제가 옷이랑 신도 보여 드릴게요. 아까 말씀드린 것처럼 거기서 입고 지냈던 옷이랑 신이랑 다 가방 안에 그대로 있어요. 제 머리도요, 자, 제 말이 맞잖아요. 정말이에요.”

“너나 이분의 말씀을 못 믿는 것이 아니라 이런 일이 일어난 것이, 그 자체가 믿기지 않는다고. 도대체 어떻게 이런 일이…….”

“저도 그래요, 그렇지만 제가 직접 겪은 일이니까…….”

달중이가 다시 모자를 쓰며 말했다.

“그럼 지금은 어떻게 지내세요? 잠은 어디서 주무시나요?”

“지가 퇴계 어른 묘소 앞에서 정신을 잃고 있을 때 지를 구해 준 그분 댁에서 묵고 자고 합니더. 그 할매도 혼자 사시는데……. 지가 우찌 된 일인가 여쭙기도 하고, 내가 누군가 말씀도 드려 봤는데 도통 알아듣는 눈치가 아닙니더. 그냥 밥 묵으라꼬 하시고 옷도 갈아입으라꼬 하시고. 지를 미쳤다고 생각하시는가 봅니더. 그냥 그래 지냅니더.”

"그게 가을이라고 하셨죠?"

"예, 아마 할매가 도토리 주울라꼬 산에 오신 모양입니더. 지는 그 할매한테 얹혀 지내는 기라요. 낮에는 퇴계 어른 묘소며 서당이며 오미 가미 지내는데."

"그런데 왜 그 산에 가셨던 건가요? 서당에서 공부하는 분도 아니시라면서."

"우리 행님 때문입니더. 우리 행님이 도산서당에 계있거든요. 지가 예안에 갈 일이 있었는데 마침 행님이 거기 계셔서."

"예안이라면……."

"도산서원 있는 그곳이 예전에는 도산면이 아니라 예안면이었거든."

"아, 그래요?"

"예, 그날도 예안에 일이 있어 갔다가 사람들 눈을 피해 행님을 만나느라……. 그런데 그 봇짐을 찾은 기라요. 지는 해 지기를 기다리느라 바위틈에 있었어요. 전에도 행님캉은 거기서 만나고는 했었심더. 심부름하는 아이를 시켜서 기별은 해 놨고, 그래서 좀 어둑해지면 행님이 오실 참이었어예. 그래서 행님을 기다리고 있었는데, 그런데 그 바위 틈새에 그 봇짐이 숨겨져 있는 기라요. 처음에는 뭔지 몰랐지요. 그저 빛깔이 너무 고와서. 생전 처음 보는 모양에 생전 처음 보는 빛깔인 기라요. 너무 희한해서, 우리 사는 세상에서는 통 몬 보던 거라 너무 희한해 가지고 남의 물건인데도 지가 열었어요. 그게 문제였지요."

"제가 거기 갔을 때 거기 계시던 아저씨가 전에도 어떤 남자가 왔었다고 했어요. 그분의 가방일지도 몰라요. 그렇지 않으면 또 다른 사람의 것이고. 하여튼 우리 시대의 누군가가 거길 간 거예요. 저처럼 알 수 없는 어떤 힘으로."

"그런데 달중이 전에 왔다던 그분은 거기에 가는 방법을 알고 있었던 것 같아. 거기서 돌아오는 방법도. 네게 잘해 줬다는 그 아저씨가, 그 사람이 정신을 차리자마자 내가 정말 여길 왔구나 그러면서 흥분하는 걸 봤다고 했었잖아. 그 사람은 아마 그 세상으로 가는 어떤 방법을 알고 있었던 것 같아. 의도적으로 간 거겠지."

공옥 선생이 말했다.

"당신 생각도 그래? 그런 것 같아. 그래서 거기서 여기저기를 둘러봤겠지. 관란헌에서 강물을 내려다봤다는 걸 보면 당대의 흥취도 느끼고 싶어 했던 것 같아. 사람들이 뭔가 위험한 물건이라고 생각했던 것은 사진기인 것 같고. 그 남자는 아마 그곳을 사진에 담고 싶었겠지. 그러다가 서생들에게 발각되면서 쫓겨 갔을 거고."

고개를 끄덕이며 문회 선생이 말했다.

"그 뒷이야기는 그 아저씨도 모른다고 했어요. 그런데 가방을 산에서 찾은 걸로 봐서는 그 이후에 그 남자가 다시 산으로 간 것 같아요."

"그렇든지 아니면 누군가가 산에다 숨겨 놓았든지. 그 사람의 행방은 현재로서는 우리가 알 수가 없고."

"그럼 선생님께서 그 가방의 물건들을 만져 보시다가 알 수 없는 어떤 힘에 의해 이 세상으로 오시게 된 거군요."

"선생님이라뇨. 아입니더. 지는 그저……. 그카고 말을 몬 한 게 하나 있는데, 사실은 그 봇짐을, 그카니까 그 가방을 열었는데 거기에 그림이 있었습니더. 자그마한 그림이었는데 지가 원래 그림을 좀 좋아했던 차라 그 그림을 유심히 봤어요. 그 그림은 무덤 그림이었어요. 봉분에 상석도 놓이 있고, 그런데……."

"무덤이요?"

"예, 그런데 그 무덤이 좀 커다랬습니더. 보통 우리 같은 사람의 무덤은 아니고요. 그렇다고 능이나 그런 정도로 크지는 않고요. 그런데 이상하게 그 무덤에 끌렸어요. 그래서 그 그림을 어루만지는데 희한하게 손에 먹도 안 묻어나는 기라요."

"그건 아마 사진이었을 거예요."

"여기 와서 보이까네 그런 그림이 많데예. 지가 사는 그 할매집 마루 기둥에도 두 양주분 그림이 걸려 있고요."

"예, 그런 걸 사진이라고 합니다. 그런데 그 사진을 만지셨다고요?"

"예."

"그거는 달중이 네 경우하고 같다. 너도 그 꼬마 아이의 사진을 어루만졌다고 했잖아. 처음에는 천 원짜리 돈에 그려진 도산서원 그림을 어루만졌다고 했고."

"그게, 그러니까 사진이 시공간을 이동하는 열쇠가 되는 게 분명해."

"그러면서 말도 했잖아. 이리로 가고 싶다든가, 뭐 그런 식의."

"그러니까 저보다 먼저 거기에 갔던 그 아저씨는 그 방법을 알고 있었던 거네요. 그래서 도산서당에 처음 왔을 때 정신을 차리자마자 그렇게 기뻐했던 거고요. 이 아저씨도 사진 속의 그곳, 그러니까 퇴계 어른의 묘소로 이동한 거잖아요."

"그렇지. 그러나 그 방법을 실행하는 데는 다른 어떤 조건이 더 필요한 것 같아."

"그래요. 나중에 그 남자가 다시 이곳으로 오려고 시도했을 때, 그때는 실패했잖아요. 무언가 빠진 것이 있어서예요."

"그 사람은 그 빠진 어떤 것 때문에 다시 올 수 없었던 것 같아."

"아니, 어쩌면 여기 다시 와서 어딘가에 살고 있을 수도 있잖아요."

"그럴 수도 있겠지. 그런데 중요한 열쇠인 이곳의 사진, 그게 있었는지 모르겠다."

"하여튼, 그 다른 조건이란 게 뭔지 그걸 알고 싶네."

"내 생각에는……."

공옥 선생이 조심스레 입을 열었다.

"그 조건이라는 게 바람 아닐까 싶은데."

"바람이요?"

"응. 달중이가 거기 갈 때도, 또다시 여기 올 때도 바람이 불었잖아. 선생님은 어떠셨어요?"

"아, 참. 아직 존함도 여쭤 보질 않았네요. 성함이……."

"예. 길 영(永) 자에 길할 길(吉)을 써서 영길입니다. 배영길."

"아저씨도 배씨세요?"

달중이가 놀라서 물었다.

"아니, 왜?"

"그럼 서당에서 공부하신다던 아저씨 형님이 혹시 소수서원에서……."

"자네가 우째 그걸 아시는가?"

"그래요? 정말이세요? 거기서 저를 도와줬던 그분이 자기가 배씨라고 그랬어요. 퇴계 어른이 풍기 군수 시절에 자기를 제자로 삼으셨다고."

"참인가? 그분이 우리 행님일세, 우리 행님. 순 행님."

"그럼 배순의 동생이세요, 선생님께서? 정말이세요?"

이번에는 공옥 선생과 문회 선생이 놀랐다. 다들 눈을 동그랗게 뜨고 놀라고 있는데 배영길 아저씨는 눈물을 떨구고 있었다.

"자네가 우리 행님을 만났구나, 자네가. 내가 행님 뵈러 예안에 갔다가 이리됐는데. 우리 행님은 내가 이리된 줄또 모르실 긴데. 흑흑."

"아저씨가 그 아저씨의 동생이시라니. 어쩐지 낯이 익다 했어요. 저는 그냥 그 시대 사람들의 행동이 비슷한 줄로만 알았는데. 어쩐지 그 바위틈 얘기도 똑같고. 저는 배씨 아저씨가 안 도와주셨으면 다시 이리로 올 수도 없었을 거예요. 아, 아저씨!"

달중이와 배영길 아저씨는 서로 부둥켜안고 울었다. 카페 저쪽에 앉아 있던 사람들이 무슨 일인가 궁금해하는 눈치였다.

"그런데 왜 배순 아저씨를 몰래 만나셨어요?"

두 사람이 좀 진정되는 듯하자 미영이가 아저씨에게 물었다.

"거기 공부하러 오는 서생들은 다들 하인을 데불고 오거든. 그 사람들이 밥도 해 주고 한다 말이다."

아직 젖은 목소리로 아저씨가 말했다.

"네, 맞아요. 제가 거기 있을 때도 그런 사람들이 있었어요."

"그런데 우리 행님은 늘 혼자 가싰지. 천한 것이 공부한다꼬 위로 아래로 미워하는 사람들이 많았거든. 그라니 식사라도 제대로 하싰겠나. 그날도 내가 묵을 거를 쪼매 갖고 간 기라. 전도 쪼매 지지고 떡도 쫌 해 갖고 갔지. 그래도 사람들이 보머 또 뭐라 할 낀데 우째 서당으로 내가 가노. 그래서 해 지모 볼라꼬 산에서 기다린 기라."

"그러신 거군요. 그럼 그 가방에서 사진을 보시면서, 그 무덤 사진을 보시면서 여기가 어디냐, 가 보고 싶네, 그렇게 말씀하셨다던 그때, 바람이 불거나 하지는 않았나요?”

“맞네요, 바람 불었지요. 바위틈이라 그림이 잘 안 보여서 몸을 이래 앞으로 구부리면서 그림을 보는데 바람이 불었지요. 그러다가 정신을 놓은 깁니더.”

“그래요. 그러니까 바람이 불면서 일종의 문 같은 것이 생긴 거예요. 시간과 공간을 뛰어넘는. 물론 그 정확한 조건은 알 수 없지요. 바람이 어느 정도 불어야 하는지, 어떤 방향으로 불어야 하는지, 그런 상세한 조건은 알 수가 없지요. 그래도 어떤 문 같은 것이 생긴 것은 분명해요. 그래서 그 통로를 통해 달중이나 배 선생님이 시공을 초월해서 움직인 거지요.”

“상당히 설득력이 있는데.”

“정말 그런 것 같아요. 그런데 달중이가 갔을 때, 여기는 겨울이었는데 왜 거기는 초여름이었을까요? 또 도산서원이라고 했는데 어떻게 도산서당 그 당시로 갔을까요?”

“그때는 제가 서원과 서당이 헷갈릴 때라 얼결에 도산서당이라고 말했던 것도 같아요.”

“하필이면 그 시간대로 간 것에 대해서는 글쎄……. 어떤 다른 조건이 있는 것 같은데, 정말.”

“그나저나 배순, 참, 배순 어른의 동생이시라니 정말 뜻밖입니다.”

“지도 우리 행님 얘기를 이렇게 듣게 될 줄 몰랐습니더. 오늘 선생님들을 뵙기를 진짜 잘했네요. 그래, 우리 행님은 우째 되싰습니꺼? 이야기 좀 해 주이소."

"네, 사실은 퇴계 선생의 유일한 천민 제자로 배순이라는 사람이 있었다는 기록만 있어요."

"예, 원래 대장장이였는데 퇴계 선생이 풍기 군수로 갔을 때 거기서 제자로 삼았다는 거, 퇴계 선생이 돌아가셨다는 이야기를 듣고는 쇠로 퇴계 어른의 모습을 만들어 놓고 거기에 제사 지냈다는 거, 그런 정도만 알고 있어요."

"우리 행님이요? 그랬을 깁니더. 그랬을 기라요. 우리 행님은 어르신을 마치 부모처럼 생각했어요. 제사 지내고 했을 깁니더, 분명히. 지보고도 공부를 하라고 했는데 지는 우리 행님그치로 뜻이 높지 않았거든요. 머리도 나쁘고. 뭣보담도 우리 같은 사람들이 공부하믄 뭐하냐꼬 그런 생각을 했어요. 우리 행님도 공부한다꼬 어려움이 많았거든요."

"그래도 배순이라는 그분 때문에 퇴계 선생이 평민 교육에도 이바지한, 그래서 평등 교육을 실천한 분으로 평가를 받기도 해요."

"평등 교육이 뭡니꺼?"

"음, 신분에 상관없이 누구나 공부할 수 있도록 하는 거, 그런 거지요."

"그거는 아입니더. 그 어르신이 양반이냐 아니냐를 안 가리신 건

아입니더. 그 어르신이 우리 행님을 공부하게끔 이끌어는 주셨지마는 우리 행님은 워낙 난분이라서……. 어릴 적부터 똑똑했어요. 집에서는 걱정이 많았지요. 저래 글을 읽을라 카믄 뭐 하노, 그카믄서. 우리 주제에 무슨 공부냐꼬 반대도 많이 했지요. 안 그래요? 공부한다꼬 베실을 할 수 있는 것도 아이고. 하기사 우리 행님은 공부라는 기 베실을 할라꼬 하는 기 아이다, 그래는 말씀하십디다마는. 그래도 신분에 관계없이 누구나 공부하고 그런 거는 아이라요. 그카믄 그 어르신이 양반이고 상민이고 구분을 안 하셨다는 말씀이신데 그거는 아이라요."

"하긴 그래요. 퇴계 선생의 '예안향약'에 보면 양반의 잘못은 심벌(心罰)로 다스리고 평민의 잘못은 체벌(體罰)로 다스린다는 게 있거든."

"심벌이요?"

"응, 양반이 무슨 잘못을 했을 때는 마음의 벌을 주라는 거야. 창피를 주든지, 부끄럽게 만들든지."

"상민이 잘못했을 때는 곤장을 치든지 하는 거랑 다르게요?"

"그렇지."

"학교에서 퇴계의 '예안향약'과 율곡의 '해주향약', 그런 것을 배웠는데 도산서당 있는 곳이 옛날에 예안이어서 '예안향약'이구나."

"그래. 향약은 향촌, 그러니까 그 지역 사회의 일종의 도덕률 같은 거야. 이런 것은 이렇게 하고 저런 것은 저렇게 하자, 이런 어떤 규

칙 같은 거지."

"덕업상권, 과실상규, 예속상교, 환난상휼."

"미영이 너는 어떻게 그런 것을 다 외우고 있니?"

"설명도 할 수 있어요. 덕업상권(德業相勸)—덕스러운 행실은 서로 권하라, 과실상규(過失相規)—잘못은 서로 바로잡아 주어라, 예속상교(禮俗相交)—예의로 서로 사귀어라, 환난상휼(患難相恤)—어려운 일은 서로 도와라."

"맞아. 그런데 지금 배 선생님 말씀처럼 퇴계 선생이 신분제를 뛰어넘어서 양반과 상민 모두를 가르친 평등 교육을 실천했다고까지 보기는 어려울지도 몰라. 시대적 한계라는 게 또 있잖아. 그리고 퇴계 선생의 '예안향약'은 신분보다는 나이를 강조해서 논란이 되기도 했었단다."

"나이요?"

"그래, 향좌 문제로. 향좌라는 건 일종의 자리 문제야. 향인들, 그러니까 동네 사람들이 모여서 그 지역의 문제를 의논할 때 자리를 배정하는 게 문제거든. 지금도 사람들이 모이면 서로 상석에 앉으라고 권하잖아. 그걸 향좌라고 하는데 그 향좌를 퇴계 선생은 나이순으로 하라고 했거든."

"나이순으로요?"

"그래. 향촌이라는 것이 여러 신분 집단으로 구성되어 있잖니. 그런데 퇴계 선생은 벼슬이나 신분을 고려하지 않고 나이순으로 자리를 정해야 한다고 주장했어. 맹자도 '향당에서는 나이가 가장 중요하다.'고 했었고, 주자도 '증손여씨향약'이라는 데서 '집회의 참석자가 모두 향인일 때는 나이순으로 앉힌다.'고 했다는 점을 들어서 그게 옛 제도의 원칙이라고 본 거지."

"그럼 양반들이 싫어하지 않았나요?"

"왜 아니야. 심지어 퇴계 선생의 제자들도 여기에 반대할 정도로 반대가 완강했지. 원래 이 향약을 종이에 적어서 벽에 걸어 두기로 했었대. 향사당이라고 일종의 마을 회관 같은 곳에다가 말이야. 그런데 이 28조에 대해서는 의견이 일치하지 않아서 결국 회수했다고 해. 당시 사회는 신분 의식이 매우 강했던 거지."

"그런데 그걸 꼭 퇴계 어른이 양반과 상민을 대등하게 대한 걸로 볼 수는 없을 것 같아요. 아까 체벌과 심벌도 그렇고, 지금 향약도 맹자나 주자가 그렇게 했기 때문에 퇴계 어른이 그걸 따른 거지, 신분제 자체를 의미 없게 여긴 것 같지는 않은데요?"

"달중이가 상당히 예리한걸? 아주 비판적이고 말이야. 그래, 그렇게 생각해 볼 수도 있겠다. 너도 나중에 한국 철학을 공부하렴. 훌륭한 학자가 될 것 같다."

"나는 네가 왜 '퇴계 이황'이라고 안 하고 '퇴계 어른'이라고 했는지 이제 알겠다."

문회 선생의 칭찬에 쑥스러워하는 달중이 귀에 대고 미영이가 조그맣게 말했다.

"안 그래도 풍기에 가서 배점리며 배순 어른의 흔적을 찾아보려고 했었는데……. 같이 가세요, 저희랑."

"배점리요?"

"네, 배순 그분 때문에 마을 이름이 배점리가 되었대요."

"참입니꺼? 우리 행님 이름을 따서요? 원래 저희 마을은 물골이었는데……. 그래요? 지도 데리가 주실랍니꺼?"

배영길 아저씨의 얼굴에 기쁜 빛이 역력했다. 자신의 형님 이름을 따서 동네 이름이 지어졌다는 얘기도 기뻤겠지만, 함께 풍기에 간다는 것도 아저씨에게는 기쁜 일일 것이다. 왜 아니겠는가?

세상이 좁다는 말은 여러 번 들었다. 한국 사회에서는 세 사람만 건너면 아는 사이라고 뉴스에도 나왔다. 내가 전혀 모르는 대통령이고 유명 연예인이고 간에 세 사람이나 네 사람만 거치면 다 아는 사이라는 것이다. 3.6명이라나, 그랬는데…….

그래도 이렇게 500년의 세월을 훌쩍 넘고 공간을 넘어서서 배씨 아저씨의 동생을 만나다니. 아니지, 공간은 아니겠다. 아저씨가 떠나온 예안이 지금 내가 여행 온 안동이니까. 그래도 나에게 은혜를 베풀었던 배씨 아저씨의 동생을 만날 수 있어서 다행이다. 나도 아저씨에게 조금이라도 도움이 되어야 할 텐데.

그러고 보니 아저씨의 이름이 낯익다. 동물원 멤버 배영길과 같은 이름인 것이다. 거기서 그 바위틈에서 내가 막막할 때 내게 힘이 되어 준 동물원의 노래들, 그리고 그 동물원 멤버와 이름이 같은 배영길 아저씨. 세상이 알 수 없는 힘으로 가득 차 있는 것 같다. 그 알 수 없는 힘이 나를 예안으로 보내고 퇴계 어른을 뵙게 하고 배순 아저씨를 만나게 하고. 또 그 알 수 없는 힘이 배순 아저씨의 동생과 마주치게 하고, 그 아저씨의 이름이 동물원 아저씨의 이름과 같게 하고. 달중이는 무언가 새로운 것을 깨닫는 기분이었다.

배점리에서

9

배점리에서

문회 선생이 운전하는 차에 다섯 명이 다 탔다. 앞자리 조수석에는 공옥 선생이 타고 뒤에 달중이와 미영이, 그리고 배영길 아저씨가 앉았다. 자동차 여행에 익숙지 않아서인지 배영길 아저씨는 어지러운 듯했고 차가 움직이는 동안은 대개 눈을 감고 있었다.

겨울 길은 조용했다. 처음 안동으로 떠나와 하회마을을 찾아 걷던 길처럼 쓸쓸하지는 않았지만 그래도 인적이 드물었다. 차창 밖으로 보이는 겨울 산들이 머리에 이고 있는 하얀 눈을 바라보느라 모두 겨울 산을 향해 시선을 멀리한 채 말이 없었다.

"저기, 태실이 뭐예요?"

달중이가 조심스레 입을 떼었다.

"태실? 태를 묻는 그 태실 말이니?"

"태를 묻어요?"

"응, 출산이 있고 나면 태아의 태반이 나오잖아. 왕가의 태를 묻은 곳을 태실이라고 하지. 그건 왜?"

"아까 그 카페 가는 길에요, 도산서당, 아니 도산서원에서 올라오던 길에 말이에요, '퇴계 태실'이라고 이정표가 있기에 여쭤 본 거예요. 그런데 이상하네. 퇴계 어른은 왕족이 아니잖아요. 그런데 태실이 있어요?"

"퇴계 태실은 퇴계 선생이 태어난 집을 가리켜. 왕가의 경우처럼 안태사라는 관리가 따로 태를 묻을 곳을 찾아서 태를 묻은 그런 경우는 당연히 아니지만, 퇴계 어른이 태어난 곳이라 태실이라고 이름을 붙인 것 같아. 안동시에서 민속자료로 지정했다지, 아마?"

"퇴계 어른이 태어난 곳은 외가예요. 저희 엄마가 말씀해 주셨는데."

"그래? 뭐라고 말씀하셨는데?"

"퇴계 어른의 외할아버지 되시는 분이 낮잠을 자고 있었는데 꿈에 선녀가 나타났대요. 그 선녀가 말하기를 당신하고 성(姓)이 같은 여자가 아이를 낳으러 올 것이니 방을 비워 놓고 기다려라 그랬대요."

"선녀가 갑자기 왜 나왔어?"

"아, 그날 낮에 여자 거지가 와서 구걸했대. 퇴계 어른의 외할아버지가 그 여자 거지에게 친절히 대해 줬는데, 그러고 나서 바로 낮잠을 주무시다가 꿈을 꾸신 거야."

"그래서?"

"아무리 생각해도 자신과 성이 같다는 게 무슨 말인지 모르겠더래. 그런데 얼마 지나지 않아서 자신의 딸이 해산하러 친정에 온 거야. 자기랑 성이 같은 여자는 결국 딸이었던 거지.”

“그러네, 정말.”

“해산하기 바로 전에도 꿈을 꿨대. 문밖에서 공자님이 오신다고 소리가 들리는.”

“그러고는 퇴계 어른이 태어나신 거야? 역시.”

“참, 그리고 도산서당 설계는 퇴계 어른이 직접 하신 거 아니?”

“그래요? 그럼 체육 선생님에 한의사에 건축 설계사까지? 다재다능하시네, 진짜.”

“왜 레오나르도 다 빈치가 위대한 화가인 동시에 뛰어난 해부학자고 식물학자고 그렇다잖아. 예술가인 동시에 과학자라고. 그런 사람이 서양에만 있는 건 아니야.”

“퇴계 어른은 지구본 같은 것도 같이 공부하시던데요? 우주가 어떻다고 하시면서.”

“그랬어? 혹시 혼상을 말하는 건가?”

“혼상이요?”

“응, 별자리가 새겨진 둥근 구(球)야. 공처럼 생긴.”

“네, 맞아요. 그런 걸로 서생들과 함께 공부하시던데.”

“당시로써는 최첨단 학문인 천문학도 다루셨던 거지. 퇴계 어른은 어렸을 때 숙부에게 배운 것 말고는 거의 스승이 없었어. 혼자 애를 써서 깨우치고 공부하고 그런 셈인데도 그런 새로운 분야까지 공부하신 걸 보면……."

"그런데 그 서당에 다니던 서생 중 일부는 다른 지역의 서당으로 옮긴다던데요? 과거 준비 때문에."

"그 말이 정말 맞구나. 도산서당에서 다들 공부를 하기는 하지. 퇴계 어른이 요새로 치면 서울대학 총장을 지내셨던 분이니까 그 명성이 얼마나 자자했겠어? 그런데 이분 주장이 공부는 벼슬하려고 하는 것이 아니다, 이런 거거든. 그러니 과거를 보고 중앙 정계에 나가고 싶은 사람들은 그런 고민이 있었겠지. 그래서 요새로 치면 수능 전문 학원 같은 곳으로 가기도 했다는 거지."

"저는 사실 학교에서 퇴계 어른에 대해 배운 것 중에 예안향약, 경(敬), 주리론, 주기론 이런 정도만 기억이 나요. 주기론, 주리론이 도대체 뭔가요?"

달중이가 물었다.

"그건 좀 어려운 개념인데. 아까 사단칠정 얘기했었잖아. 그것과도 관련이 있어."

"우선 기(氣)가 뭔지, 리(理)가 뭔지부터 설명해 볼까? 성리학자들은 세계를 설명하는 두 개의 개념으로 기와 리를 들어."

공옥 선생님이 차분한 목소리로 말씀하셨다.

"잠깐만요, 선생님. 안 그래도 궁금했는데 왜 이(理)를 이라고 안

하고 리라고 해요?”

“그건, 이라고 하면 귀에 잘 안 들리잖아? 청각 인상을 분명히 하느라, 구별해서 잘 들으라고 그러는 거지, 뭐.”

“아, 예.”

“그럼 다시 리와 기로 갈까? 기라는 건 눈에 보이고 형체로 드러나고 운동하는 것들을 말해. 사람이 살아가는 것이라든가 꽃이 피는 것, 이런 것은 모두 기가 드러나는 것이지.”

“그렇지만 그런 움직임과 작용이 기만으로 되는 것은 아니야. 그렇게 만드는 어떤 법칙이나 원리, 이런 것이 있어야겠지? 그게 바로 리란다. 어떤 현상의 근거가 되는 거지.”

달중이를 쳐다보며 설명하던 공옥 선생님이 싱긋 웃었다. 잘 이해하지 못한 것을 알아차렸다는 듯.

“쉽게 말하면 이런 거야. 이제 곧 봄이 되면 개나리와 진달래가 피겠지? 봄이 되었다고 개나리와 진달래가 피는 거, 그거는 기야. 운동이나 현상 자체를 말하는 거지.”

“그런데 말이야, 개나리 나무에는 꼭 개나리꽃이 피고, 진달래 나무에는 꼭 진달래꽃이 피잖아. 그건 리에 의해 그렇게 되는 거지. 그러니까 운동이나 현상의 근거가 되는 거, 그게 리야.”

“개나리, 진달래를 생각해 보니까 성리학자들은 자연 세계에 관심이 더 많았을 것 같은데요?”

비유가 쉬웠던지, 한층 밝아진 목소리로 달중이가 말했다.

"음, 그건 아니야. 성리학자들의 궁극적 관심은 인간의 문제에 있었지. 성리학자들이 사용한 리와 기 개념은 인간의 마음과 본성을 설명하는 데 필요했던 거야. 성리학자들은 자연의 법칙과 인간의 도덕을 같은 원리라고 보고 그것을 리라고 불렀던 거지."

"기보다는 리가 더 중요했던 모양이죠?"

"그래. 그래서 성기학(性氣學)이 아니라 성리학(性理學)이라는 이름이 붙은 거란다."

"그 리가 인간에게는 인의예지(仁義禮智)라는 도덕이 되고, 그 도덕이 바로 인간의 본질이라는 성즉리설(性卽理說)이 있거든. 그러니까 '본성은 리'라는 성리학이 된 거지. 본성, 즉 성(性)은 리(理)다, 성리학."

"아, 성리학이란 게 그런 뜻이었군요?"

"자, 그럼 주기론과 주리론이 뭔지도 알겠지? 기(氣)란 것과 리(理)란 것 중에 어떤 것을 위주로 하느냐, 그러니까 어떤 것을 더 중요하게 여기느냐 하는 거야. 리를 주로 하면 주리설, 기를 주로 하면 주기설. 하지만 이건 지나치게 단순한 설명이야."

"원래 주기, 주리라는 말은 사단칠정 논쟁에서 나온 거거든. 사단은 리를 위주로 하고 칠정은 기를 위주로 한다. 기억나지? 그러니까 요즘 말하는 주기론, 주리론은 원래 쓰던 말과는 상당히 다른 거지."

"또 하나, 퇴계 사상에서 중요한 것은 리발설(理發說)이야."

“리발설이요?”

“응, 퇴계 선생의 생각은 리(理)가 발한다는 거였어.”

“이런 주장은 기고봉—기억나지? 퇴계 선생이 생각한 차세대 주자—그 기고봉과의 논쟁에서 나온 개념이야.”

기억났다. 퇴계 어른이 편지를 찾으러 들어가시던 그 도산서당에서 들었던 이름이었다.

“리가 발한다는 게 무슨 뜻이에요?”

“리가 발한다는 건 도덕이라는 것이 사람의 마음을 떠나서 별도로 존재하는 것이 아니라 우리의 본성이 드러난 것이라는 뜻이야.”

“본성이 드러난 것이요?”

“그렇지. 지하철에서 할아버지나 할머니에게 자리를 양보하는 것, 이것은 자리를 양보해야 하는 것이 단순히 규범이어서 그러는 것이 아니라 내 마음의 양심이 움직여서 그렇게 된 거라는 거야.”

“칸트의 선의지(善意志)와 비슷하지 않니? 칸트는 들어 봤지?”

“아이고, 어려워지네. 하여튼 제가 지하철에서 자리를 양보하게 된다면 그것은 제 마음에서 우러나와서 그렇게 하는 것이고, 그것이 저의 본성이라는 말씀이시죠?”

“바로 그거야. 유학에서는 사람은 누구나 자발적으로 도덕을 실천할 수 있는 양심을 가지고 있다고 보지. 그러니까 강제적인 법보다는 교육과 교화를 중시하는 것이고. 기본적으로 인간에 대한 신뢰가

밑바탕에 깔린 것이지.”

“사실 저는 아줌마가 배로 미는 바람에 어쩔 수 없이 일어나는 경우도 가끔 있기는 한데.”

“하하. 그랬어? 그런 아주머니는 본성을 잃어버린 거 아닌가? 본성은 기르기보다 잃기가 더 쉬운 거라서 늘 마음공부를 해야 한단다. 너도 마음공부 많이 해라.”

“그럼 성리학자들이 서원을 열고 인재를 양성한 것도 교육과 교화를 중요하게 생각했기 때문인가요?”

“그렇지.”

“그런데 우리가 잘 아는 율곡 이이는 퇴계의 리발설에 대해서 비판했단다. 리라는 건 운동성이 없는 건데 어떻게 리가 발하냐고. 율곡은 기 하나만 발한다고 생각했어.”

“그래서 율곡의 기 하나만 발한다는 주장을 기일도설(氣一途說)이라고 하고, 퇴계처럼 리와 기가 서로 발한다는 생각을 리기호발설(理氣互發說)이라고 한단다.”

“그렇다고 율곡이 리를 싹 무시하고, 퇴계가 기를 싹 무시했다, 그런 건 아니야. 퇴계는 리, 율곡은 기, 이렇게 외우는 건 너무 도식적인 거지.”

“그래. 기를 중시하는 것은 현실을 중시하는 것이어서 실학과 애국계몽운동으로 이어진다, 이렇게 외우지 않았니? 또 리를 중시하는

것은 이념을 중시하는 것이어서 위정척사운동으로 이어진다, 이렇게
도 외우고."

"네."

"그런데 공부할 때 말이야, 그렇게 지나치게 도식적으로 공부하
는 건 별로 좋지 않은 태도야. 세상 일도 이거 아니면 저거로 딱 이분
법적으로 나뉘는 건 아니지 않니?"

"예, 기억할게요."

"너무 어렵지 않지?"

"사실 조금 어려워요."

달중이의 솔직한 대답에, 차 안에 잠시 미소가 번졌다.

"그런데 한 가지 궁금한 게 있어요. 리(理)다, 기(氣)다, 그런 이기
(理氣) 논쟁이 왜 생긴 건가요? 아까 수양론 말씀을 해 주시기는 했
지만 그래도 제 생각에는 이런 것들이 너무 형식적이고 공허하지 않
나, 그런 생각이 들거든요."

"그렇게 생각할 수도 있지. 너, 사화(士禍)에 대해 들어 본 적 있
니?"

"네, 조광조 같은 선비들이 화를 당하는 거를 텔레비전에서 본
적이 있어요."

"원래 조선이라는 나라는 성리학을 중요한 사상으로 삼았잖아?
그러니까 성리학에서 강조하는 도덕군자의 나라, 즉 도덕과 이성이

지배하는 사회를 일종의 모델로 삼은 거야."

"조선에서 성리학을 강조한다는 말이 결국엔 조선을 도덕이 지배하는 사회로 만들자는 말인 거군요?"

"그래. 그러나 그 이념은 그랬지만 현실은 그렇지 않았던 거지. 그런 도덕과 이상을 실현하려던 사람들, 그러니까 소위 사림(士林)이 힘과 무력을 통해 정치하려는 사람들에 의해 꺾이게 되었어. 그게 바로 사화야."

"그런 사화를 겪으면서 많은 선비가 죽임을 당하고 지방으로 쫓겨나고 그랬단다."

"예, 드라마에서도 그런 이야기는 많이 나와요."

"그러니? 하여튼 무력에 의한 탄압이 사화란 말이야. 그런데 그런 어려움을 겪으면서 사람들은 오히려 인간에 대해서 새로운 발견을 하게 되었단다."

"인간에 대한 새로운 발견이요?"

"응, 무력이 인간을 탄압할 때 어떤 사람들은 굴복하기도 하지만 끝까지 저항하는 사람들이 있잖니. 그런 사람들을 보면서 '야, 저 사람들은 도대체 어떤 사람들이기에 저렇게 탄압에도 맞설 수 있는 걸까?' 뭐 이런 식으로 인간 자체에 대해 다시 생각하게 되는 거지."

"인간 자체에 대해 다시 생각한다는 게 뭐겠니? 인간의 본성이 무엇이기에, 인간의 심성이 어떤 것이기에 저렇게 무력적인 탄압에도 저항할 수 있는 걸까, 하는 관심으로 이어지는 거지."

"퇴계 선생의 시대도 사화와 무관한 시대가 아니었거든. 그러니까 퇴계 당시에는 이런 인간의 본성에 관한 관심이 매우 현실적인 문제였단다."

"그럼 제가 사화와 상관없는 시대에 살아서 이런 논쟁이 무의미하게 보이는 걸까요?"

"아니, 꼭 그런 건 아니지. 분명히 그 시대 사람들은 이런 식으로 인간에 대해서 새롭게 주목했지만, 선조 때부터는 사림들이 정계를 장악하게 되거든. 무력에 의한 시대가 가고 이성에 의한 시대가 온 셈이지. 그러다 보니 토론하고 논쟁하는 것도 많아지고. 또 그러다 보니 어떤 부분은 처음 의도와는 달리 토론만 남기도 하고."

"쉽게 말하면 사림들의 정치 장악 이후에 자꾸 시간이 흐르면서, 인간에 대한 재발견이라는 처음의 그 정신은 사라지고 이론적 논쟁만 남게 되는 거지."

"그러다 보니 지금 너처럼 그런 것을 공소하게 느끼는 사람도 있는 거고. 다 쓸데없는 논쟁이다, 이렇게 여기는 거지."

"참, 그 얘기는 해야겠다. 사림들도 그렇고 퇴계 선생도 그렇고, 마치 성리학을 받아들이다 보니까 도덕적이고 이성적인 사회에 관심이 있는 것처럼 보일 수도 있지만 실제로 그건 아니라는 것. 오히려 우리 사회 내부에 도덕적이고 이성적인 이상적 사회에 관한 관심이 있었는데 그런 관심의 표현이 성리학 수용으로 나타난 것이라는 것, 그 이야기는 꼭 짚고 넘어가고 싶네."

"역시 어렵지?"

"예, 진짜 어려워요. 저, 그런데 퇴계 어른을 한마디로 어떻게 말해야 해요?"

"한마디로? 그게 무슨 소리야?"

"박찬호 그러면 야구 선수, 모차르트 그러면 음악가, 이러잖아요. 퇴계 어른은 뭐라고 해야 해요?"

"글쎄, 위대한 사상가, 이러면 되지 않을까? 실제로 정치가이면서 시인이면서 학자였지만, 그래도 사상가라는 말이 적당할 것 같은데? 성리학을 살아 있는 조선의 학문으로 만들었다고 해도 과언이 아니니까."

"소크라테스는 철학자다, 이런 식으로요?"

"그럼. 퇴계 선생의 사상은 일본에까지 전해져서 일본인들 중에 퇴계 선생을 흠모하는 사람이 아주 많단다. 중국에서도 퇴계 선생에 대해 많이 공부하고 있고."

"일본과 중국에서도요?"

"일본과 중국뿐이겠어? 퇴계 선생은 세계적인 사상가야. 참, 그러고 보니 궁금한 게 하나 있네. 너, 퇴계 선생을 직접 만났다고 했으니까 하나 물어보자. 지금 천 원짜리에 그려진 그림과 퇴계 어른이 정말 비슷하시던?"

"글쎄요. 전체적으로는 비슷한 것 같은데, 좀 더 온화해 보이셨어
요."

"원래 그 그림은 퇴계 선생을 존경하는 일본 사람이 꿈에서 본
선생의 모습을 그린 것을 기초로 우리나라의 이유태라는 화가가 그
린 거래. 그래서 어떤 사람은 그 그림이 퇴계 어른의 실제 모습과는
동떨어진 거라고 하고, 또 어떤 사람들은 진성 이씨들의 얼굴형과 많
이 닮았다고도 하고. 그래서 물어본 거야."

"그렇게 말씀하시니까 자신이 없어지네요. 사실 잘 기억이 안 나
요, 흐릿한 것이."

"하긴 이틀이었는데 또렷하게야 생각이 나겠니?"

"저, 배영길 아저씨는 앞으로 어떻게 해요?"

"글쎄 말이다……."

"지 걱정은 마이소."

계속 눈을 감고 있어서 잠든 줄 알았던 아저씨가 눈을 번쩍 떴다.

"그간은 말할 데도 없고 속이 무척 답답했는데 이제는 후련합니
더. 여기 온 기도 자세히 몰라서 그렇지 대충은 우찌 된 긴지 알 것
같고. 일단 물골 가서, 아니 배점리라고 했지요? 거기 가 보입시더."

차는 동양대학 이정표를 지나고 있었다. 풍기에 다 온 것이다. 어
쩌다 보니 점심도 거른 채 여기까지 왔다. 시간은 벌써 3시쯤 되었다.

정말 긴 하루다.

"괜찮으시면 소수서원 들러서 갈까요?"

문회 선생이 물었다.

"그카소. 거기는 우리 행님이 드나들던 곳이고 지도 몇 분 와 봤던 곳이라요."

주차장에 차를 세우고 서원으로 들어서니 소나무 숲이 보인다.

"이 숲이 여태 있네. 아직도 안 죽고 나무들이 살아 있네."

배영길 아저씨가 말했다.

"이 나무들이 그때도 있었어요?"

"하모요. 이기 학자수(學者樹) 아입니꺼?"

"학자수요?"

"응, 겨울을 이겨 내는 소나무처럼 인생의 어려움을 이겨 내는 참선비가 되라고 학자수라고 부른단다. 이 나무들이 그렇게 오래된 거로군요?"

공옥 선생이 옷깃을 세우며 대신 대답했다. 아닌 게 아니라 오후가 되면서 날이 좀 더 추워졌다.

"저 안에 가믄 퇴계 어른이 쓰신 글자도 있을 깁니더."

"경(敬) 자 바위 말씀이시군요? 자, 가 볼까요?"

서원 입구 오른쪽으로 시내가 흐르고 있었다. 시내 한편에는 정자가 서 있었다.

"저기 경 자 바위입니더."

아저씨가 가리키는 곳을 바라보니 정말 바위에 붉은색으로 '경' 자가 쓰여 있었다.

"저걸 누가 쓴 거예요?"

"전해 오기는 주세붕 선생이 직접 쓰고 새기셨다고 해. 그 위에 백운동이라는 글자, 보이니? 그것은 퇴계 어른의 글씨라고 하고."

"선생님, 저는 풍기 군수, 퇴계 어른, 소수서원, 이렇게 잘 연결이 안 돼요."

"아, 원래 여기는 백운동서원이라고 주세붕 선생이 세운 서원이었어. 일종의 사립대학 같은. 당시에 주세붕 선생이 풍기 군수였는데 숙수사라는 절이 있던 옛터에 사묘를 세우고 안향 선생을 배향했지. 안향 선생이 고려 시대에 여기 숙수사에서 공부했거든."

"안향이라면 우리나라에 주자학을 전했다는 그 사람요?"

"잘 아네. 맞아, 그분. 그러니까 순흥 안씨 가문에서 —여기가 예전에 순흥도호부였거든.— 안향 선생의 초상화를 옮겨서 여기 사묘에 봉안하고 그 옆에 백운동서원을 건립한 거야. 후에 안축, 안보 두 분을 더 모시게 되었지만."

"안축의 '죽계별곡', 이런 거는 배웠는데."

예비 국문학도답게 미영이가 한마디 했다.

"저 물이 죽겝니더, 죽계(竹溪)."

조용하던 배영길 아저씨가 말했다.

"그렇네요, 참. 그러면 순흥 안씨인 안축이 '죽계별곡'을 지은 것이 아주 자연스러운 일이군요."

"그런데 퇴계 선생이 풍기 군수로 부임한 후에 이 서원이 잘되도록 여러 가지 힘을 썼어. 그중에서도 백운동서원을 국가의 공식 교육 기관으로 인정받게 하려고 사액을 요청한 일이 가장 크지."

"사액이요? 아, 최초의 사액 서원인 소수서원."

"그래. 그래서 퇴계 어른 때문에 여기가 소수서원이라고 이름을 쓴 편액, 그러니까 액자를 받게 된 거야."

"그런데 이름을 받는 게 그렇게 큰일인가요?"

"임금이 이름을 지어 줄 때는 단지 이름만이 아니라 노비, 전답, 서적, 이런 것들을 함께 내려보내는 것이기 때문에 이를테면 국고 보조가 생긴 거지. 경제적 지원도 함께 받는 거니까, 어때, 사액의 의미가 크지?"

"그럼 학생도 많았나요?"

"물론이지. 이 소수서원에서 배출한 학자만도 4천여 명이 된다고 해. 영남학파의 뿌리라고도 볼 수 있어."

"아까 여기가 순흥도호부라고 하셨죠? 그것 좀 설명해 주세요."

"그럴까? 여기 순흥은 고려 시대의 충렬왕, 충숙왕, 충목왕의 태를 연이어 묻은 곳이 되면서 순흥부로 승격이 되었대. 아까 태실 이야기했었지? 그러다가 나중에 순흥도호부가 되었는데, 그건 이 지역의 규모가 아주 커졌다는 뜻이지. 그런데 정축지변이 일어나면서 부가 폐지되었지. 지역의 규모도 줄고 세력도 약해졌겠지? 그래서 그 후로 땅덩어리가 여러 지역으로 나뉘게 된 거야. 충북 단양, 강원 영월, 태백, 경북 풍기, 예천, 봉화, 이런 식으로. 예전에는 굉장히 넓은 지역이었지.”

“선생님, 정축지변이 뭐예요?”

“정축년에 일어난 변고지, 뭐긴 뭐냐.”

미영이가 혀를 날름하면서 대답했다.

“하하. 맞다. 정축년에 일어난 변고야. 세조가 단종을 밀어내고 보위에 올랐잖니? 그런데 조정 일각에서 금성대군을 중심으로 단종 복위의 움직임이 있었어. 단종을 다시 임금 자리에 앉히자는 거였지. 결국 그 단종 복위 운동은 실패했고, 그래서 단종도 영월 청령포로 유배되었다가 거기서 죽임을 당하게 되었지. 그때 순흥도 화를 겪게 된 거야.”

“그래, 그 복위 운동의 중심이 순흥이었다는 거지. 이를테면 역모의 중심지였던 거야.”

“그렇지만 나는 믿기지가 않네. 교통도 발달하지 않은 그 옛날에 여기서 한양까지 거리가 얼마인데. 여기서 역모를 꾀했다고는 믿기지가 않아요. 오히려 금성대군 측근을 역모로 몰아서 세조 자신의 반대 세력을 숙청한 거면 몰라도."

공옥 선생이 말했다.

"하여튼, 그때 참화를 당한 순흥도호부 사람들의 시신은 다 이곳 죽계천에 수장되었어. 그러니 어떻겠니? 이 죽계천 부근에서 귀신이 나온다는 소문이 돌았겠지. 뭐, 밤만 되면 이상한 게 보인다느니 울음소리가 들린다느니. 그때 주세붕 선생이 여기에 경(敬) 자를 새기셨대. 그러고는 그것을 붉은색으로 칠하고 원혼들의 영혼을 달래기 위해 정성 들여 제사를 지냈더니 그 후로 울음소리 같은 것들이 사라졌다는 전설이 있어."

"그래서 저 글씨가 붉군요. 전 또 최근에 색을 칠한 줄 알았죠."

"뭐 궁금한 거 없으십니까?"

두꺼운 파카를 입은 여자분이 다가왔다. 목에 걸린 신분증을 보니 이분도 문화해설사였다.

"요즘은 문화해설사분들이 많으시네요. 추운데 고생하십니다."

"어데요. 이런 날 이런 곳에 오시는 분들이 감사하지요."

"저희는 퇴계 선생이 여기 계셨다기에 한번 와 봤습니다. 혹시 배순이라는 분 아세요?"

"네, 무쇠장이 배순 말씀이세요?"

"아, 아시는군요."

"그럼요, 유명합니다, 여기서는."

문화해설사의 말에 배영길 아저씨의 얼굴이 상기되었다. 기쁜 빛이 분명했다.

"그 사람은 무쇠장이였다고 합니다. 아마 서원에서 쓰는 그릇이나 그런 것들을 납품하러 여기를 드나들었나 본데, 그러다가 선비들 공부하는 걸 어깨너머로 보면서 관심을 보였다고 합니다. 그러다가 퇴계 선생님이 그렇게 공부하고 싶으면 하라고 하시면서 제자로 삼으셨어요. 퇴계 선생님의 제자 중에 유일한 천민이지요. 그래, 배순이라는 그 사람은 집에 돌아가서 무쇠로 퇴계 선생의 얼굴을 만들어 놓고는 매일 경배드렸다는 얘기가 전해 옵니다."

"네, 그러면 배점리도 아시겠네요?"

"예, 저 댐 쪽으로 가시면 배점리라는 마을이 있습니다. 배순 때문에 이름도 배점리가 된 겁니더."

"배씨가 사는 마을, 뭐 이런 뜻인가 보지요?"

"아, 원래 배순이라는 사람이 쇠로 만든 농기구나 그릇이나 이런 거를 파는 가게를 했습니더. 가게를 경상도에서는 점방이라고 하거든요. 그래서 배씨가 하는 점방이 있다, 그래서 배점리, 이렇게 부른다고 합니다."

"아, 그래요? 배씨의 점방? 그게 더 설득력이 있는 것 같네."

문회 선생이 말했다.

"예, 그래서 이 소수서원은 한마디로 평등 교육의 실천 도장이라고 할 수 있습니다."

"배순 아저씨 한 사람 가지고 또 평등 교육 운운하는 거, 나는 반대다. 진짜 평등 교육이라면 그 후로도 다른 평민을 어떻게 가르쳤는지 뭐 그런 얘기가 있어야지."

달중이가 볼멘소리로 미영이에게 말했다. 미영이가 생긋 웃는다. 설명을 들으며 서원 입구로 다가가니 오른쪽에 정자가 하나 있다.

"저거는 경렴정(景濂亭)입니다. 주세붕 선생님이 지으신 우리나라에서 제일 오래된 정자지요. 중국 북송의 철학자인 렴계 주돈이를 공경한다는 뜻에서 경렴정이라고 이름을 지었는데, 저기 끝에 정(亭) 자좀 보십시오. 끝이 하늘로 싹 올라갔지요? 마치 용처럼요. 퇴계 선생님의 제자 황기로라는 분이 쓰신 글자거든요. 그런데 자세히 보십시오. 저 끝이 뭉뚝하지 않습니까? 원래는 용이 용트림하는 모습이었는데 일제 때 우리 민족의 기를 꺾어야 한다고 일본 사람들이 글씨 꼬리를 잘랐다고 합니다."

"그래요? 민족정기를 끊는다고 쇠말뚝도 박았다더니."

"그뿐이 아닙니다. 원래 서원에 공부하러 오는 선비들은 술과 여자를 멀리하게 되어 있어요. 당연하지 않습니까? 그런데 일제 때 선비들이 말을 잘 안 들으니까 저쪽 가시면 청다리가 있는데요, 이 서원 선비들이 연애해서 사생아를 낳고는 저 청다리 밑에 버렸다더라, 이런 이상한 이야기를 지어내기도 했답니다. 선비들의 이미지를 더럽

히는 거지요."

"안동에도 그런 것이 있어요. 안동에서 하도 많은 사람이 독립운동을 하고 하니까 안동의 풍수를 훼손해야 한다고 큰 건물이나 탑 주변에 철길을 놓았대요. 중앙선이 서울에서 경주까지 바로 안 가고 추가 경비를 들이면서 안동을 거치게 설계한 것이 그래서 그렇대요. 실제로 고성 이씨 종택은 99칸 집인데 그 철도가 집을 갈라놓아서 50칸이 되었대요. 집 한가운데로 철길을 내다니 말도 안 되잖아요. 그게 다 정기를 끊느라 그런 거래요. 아주 유명한 독립운동가 석주 이상룡 선생이 고성 이씨거든요."

"아, 그 콧수염 기르신 분?"

문회 선생의 말에도 아랑곳하지 않고 미영이가 계속 말을 이어갔다.

"또 신세동 칠층 전탑이라고 벽돌탑이 있는데요, 그 1000년이나 된 탑 바로 옆으로, 딱 2미터 떨어져 있는데요, 그 바로 옆으로 기차가 지나가요. 기차의 진동이며 먼지 이런 것 때문에 그 탑이 얼마나 오래 버틸지 모르겠어요. 하여튼 갖은 방법을 다 동원해서 민족정기를 훼손하려고 했던 걸 생각하면……."

흥분해서 한 번에 그 많은 이야기를 다 쏟아 놓는 미영이를 보면서 문화해설사도 놀란 모양이었다. 배영길 아저씨만 영문을 모르겠다는 눈치였다. 하긴 일본 강점기를 모르실 테니.

“학생, 정말 대단하네.”

“그래, 미영아. 너 다시 봐야겠네. 안동 문화 지킴이구나, 너.”

미영이 얼굴이 조금 붉어졌다.

배점리 가는 길은 아주 멋졌다. 오른편으로는 강물이 이어지고 있었고 왼편으로는 산이 야트막했다.

“아까 그 카페에서 본 것 같은 산세네요, 야트막한 게. 아까 그 산은 퇴계 어른이 자주 찾았던 청량산이었는데.”

“퇴계 어른이 한때는 청량거사라는 호도 사용했었거든. 청량산에 사는 선비다, 이런 뜻으로.”

“물이 우째 이리 많아졌는지 모리겠네요?”

배영길 아저씨가 창 밖을 보면서 말했다. 이제 자동차 타는 일에 조금은 적응이 된 듯, 아저씨는 가끔 창 밖을 내다보기도 했다.

“아까 죽계 댐이라고 안내판이 있던데. 댐을 막아서 여기 이렇게 물이 많아졌나 보네요.”

그래도 배영길 아저씨는 어리둥절한 표정이었다.

“일종의 저수지 같은 걸 만든 거죠, 아주 큰 저수지.”

알 듯 말 듯 아저씨의 얼굴이 묘했다.

“학교가 어디 있어야 하는데……”

운전을 하던 문희 선생이 길을 놓친 듯했다. 차를 세우더니 문밖으로 나간다. 석양 무렵이라 강물이 아름다웠다.

“아, 저기다.”

다시 차를 돌려, 오던 길을 되짚어가니 바로 길가에 비각이 하나 서 있다. 커다란 나무 아래 한구석에 놓여 있어 초행인 사람들은 스쳐 지나기에 십상이었다.

“내리세요, 저깁니다.”

문회 선생이 배영길 아저씨를 잡아 준다. 공옥 선생이 먼저 가서 있는 곳에 빛바랜 붉은색이 칠해진 나무 울타리 사이로 자그마한 돌비석이 보인다. 배영길 아저씨는 조심스레 비각으로 걸어가고 있다.

“이 비는 조선 중기 이 지방에서 대장간을 하던 충신 배순의 정려비이다.”

미영이가 비각 앞의 안내판을 읽고 있었다.

“충신 얘기는 없지 않았나요?”

“글쎄, 후대에 조금 윤색된 게 아닐까 싶은데.”

“아, 저기. 선조의 국상에 3년 동안 상복을 입었다는군요. 그래서 충신이라고 했나?”

문회 선생과 공옥 선생이 조그맣게 말했다.

“행님, 흑흑. 내가 이리된 줄도 모리시고 얼마나 걱정을 하싰을꼬, 행님. 흑흑.”

배영길 아저씨는 울타리를 부여잡고 울고 있었다. 나무 울타리 너머로 손을 넣어 어떻게든 그 돌비석을 어루만지려는 아저씨의 모습이 가슴 아팠다.

한 걸음 물러나 보니 아이들이 붙여 놓은 풍선껌 판박이가 비각의 나무 울타리 곳곳에 붙어 있었다. 학교 바로 앞이라 개구쟁이들이 오며 가며 장난을 친 모양이다.

"말씀 좀 여쭐게요."

공옥 선생이 비각 바로 앞의 구멍가게 문을 열며 말했다.

"여기가 배점리 맞나요?"

털실로 짠 조끼를 껴입은 아주머니 한 분이 일어서며 대답했다.

"예, 배점리 맞심더."

"저, 그럼, 이 동네에 배씨 성 가지신 분이 많이 사시나요?"

"어데예. 한 세 집 됩니더. 배씨는 별로 안 사는 축이지요."

"예에."

공옥 선생이 배영길 아저씨 기색을 살피며 가게 주인에게 물었다.

"배씨 성 가지신 분들 댁이 어디쯤인가요? 여기에서 머나요?"

"선생님, 놔 두이소. 괘안습니더. 놔 두이소."

공옥 선생이 가게 주인에게 질문하는 것을 본 배영길 아저씨가 말했다.

"그냥 가입시더. 그냥 갈랍니더."

"아, 그래도 후손들을 만나 보시는 것이……."

"아입니더. 안 그래도 되겠심더. 그냥 가입시더."

군이 공옥 선생을 만류한 배영길 아저씨는 비각 앞에 우뚝 섰다
가 멀리 강물을 바라보다가, 몇 번이나 그렇게 했다. 그러더니 차를
세워 둔 곳을 향해 성큼성큼 걷기 시작했다. 일행도 아무 말 없이 아
저씨를 따랐다.

문회 선생이 다시 차를 세운 곳은 죽계 댐 옆 도로였다. 오후 늦
은 시간이 되면서 날씨가 많이 차가워지고 있었지만 다들 차에서 내
려 죽계 댐을 바라보았다.

"오늘은 점심도 못 먹고 하루가 어떻게 지나갔는지 모르겠네요."

문회 선생이 가볍게 말했다.

"배 선생님께서도."

공옥 선생이 말을 꺼내는데 갑자기 배영길 아저씨가 말을 잘랐다.

"지가 살던 때랑은 많이 달라졌네예. 지는 몬 알아보겠습니더."

죽계호 물 위로 새가 한 마리 날아갔다.

"지한테는 오늘이 참 중요한 날입니더. 지 혼자 이래 떨어져 지내
는 거에 대해서 같이 이야기할 사람을 만났지요, 게다가 우리 순 행
님 얘기도 들었지요, 또 지가 살던 동네, 그카니까 배점리에도 와 봤
지요. 처음 여기 와서는 우째야 할지 모르겠었심더. 어르신 산소 앞에
뚝 떨어졌는데 지가 사실 우리 행님그치로 글을 읽은 것도 아이고.
우리 행님은 어르신을 부모같이 섬겼지마는 지는 그 정도는 아이고
요. 그저 예안에 그 서당 자리만 오미 가미 그래 지냈심더. 그래도 우

리 행님 이름이 후세에까지 전해지고 있다 카니 그것도 좋고, 또 행님을 만나서 이틀이라도 같이 지낸 사람을 만나 보니까 그것도 좋고."

가슴이 벅찬지 아저씨는 잠시 말을 잇지 못했다. 다들 숙연한 분위기였다.

"이자부터는 살 궁리를 해야겠심더. 지가 얹혀사는 그 집 할매도 많이 늙으셨으니까 지가 봄부터는 농사도 돕고요, 여기서 어떻게든 살아갈 궁리를 해야 안 되겠습니꺼. 그카믄서 그때로 다시 돌아갈 생각도 해 볼랍니더. 바람이 좀 분다 싶으믄 도산서당 그림 갖고 나가서 중얼중얼해 보지요, 뭐. 그카다가 다시 그리로 갈 수 있으믄 더 바랄 기이 없는 기고, 그기 아니믄 배점리 왔다갔다하믄서 우리 행님 떠올리고, 가끔은 전처럼 서당에도 가 보고요. 그래 살랍니더. 그래 여기서 맘 붙이고 살랍니더. 선생님들 아니었으믄 지가 우째 여기를 와 봤겠능교. 참말로 고맙습니더. 그리고 달중이라 캤제. 내를 알아봐 주고, 또 이래 내를 선생님들한테 인사도 시켜 주고, 니가 아니었으믄 내가 우째 됐겠노. 참말로 고맙데이, 참말로 고맙데이."

"아니에요. 저도 거기 있을 때 배씨 아저씨가 도와주셨잖아요. 안 그랬으면 제가 지금 여기에 어떻게 있어요. 아저씨를 만나니까 저도 너무 좋은데요."

"잘 생각하셨습니다. 우선은 그렇게 지내셔야지요. 저희 부부도 일단 올라갔다가 일간 다시 오겠습니다. 와서 저희가 도울 수 있는 일이 뭐 있나 한 번 찾아봅시다.”

“저도 집에 가서 부모님과 함께 다시 꼭 올게요. 제게 일어난 일을 잘 설명할 수 있을지 모르겠지만. 하여튼 거기서 제가 겪은 일들, 퇴계 어른을 뵌 일과 도산서당에서 마당 쓸며 지낸 일들, 다 설명하고 꼭 부모님과 함께 아저씨 만나러 올게요.”

“그럼 이제 식사라도 좀 하러 갈까요? 오늘은 점심도 거르고 벌써 저녁때가 다 되었네요.”

“그럴까요? 추우니까 얼른 차 타요.”

공옥 선생이 몸을 한 번 떨더니 차 세워 둔 곳으로 걸어간다. 그 뒤를 문회 선생과 배영길 아저씨가 따랐다. 세 사람 어깨너머로 저녁 메뉴에 대해 의논하는 소리가 들려온다.

“풍기 왔으니까 인삼 먹인 갈비를 먹어 볼까? 참, 육회 잘하는 집이 예천 어디에 있다던데 거길 찾아가 볼까?”

“안동으로 다시 가서 헛제삿밥이나 간고등어 구이집으로 가는 건 어때요? 아니면 안동 찜닭을 먹든지. 하여튼 배 선생님께 아주 맛있는 음식을 대접해야 해요.”

“선생님, 안동 가면 열화민박이라고 있는데요, 거기가 음식 맛깔스럽기로 유명해요. 하하.”

어른들을 향해 미영이가 크게 말하고는 기지개를 쫙 폈다.

“긴 하루였다. 믿을 수 없는 하루였고. 그치? 아니구나, 넌 이미 그런 믿을 수 없는 날들을 다 겪었으니."

"그런데 미영아, 물어볼 게 하나 있어."

"뭔데?"

"너, 천 원짜리 종이돈 속에 도산서원 그림 봤지?"

"그럼, 봤지."

"거기에서 마당쇠 찾아본 적 있니? 나는 잘 못 찾겠더라."

"마당쇠? 하하하."

"왜 그래?"

"나도 예전에 거기서 마당쇠 찾아봤었거든. 거기 마당쇠는 못 찾는 게 당연해."

"왜?"

"왜냐면 말이지……."

"왜냐면?"

"마당 다 쓸고 집으로 들어갔거든. 하하하. 그런 옛날 농담을 아직도 모르는 애가 있구나."

달중이 눈이 동그래졌다. 이럴 수가.

"야, 예쁘다."

미영이가 가리키는 곳을 바라보았다. 이제 막 저녁노을이 지고 있었다. 호수의 절반쯤은 그 노을 때문에 붉게 물들고 있었고 그렇게 붉은 호수와 또 붉은 하늘 사이로 새 몇 마리가 날아가고 있었다. 하루의 비행을 마치고 집으로 돌아가는 모양이었다. 달중이의 여행도 이제 끝나 가고 있었다.

지는 햇살을 받아 곱게 빛나는 죽계호. 이 죽계호의 물도 흐르고 흘러서 낙동강에 합쳐지겠지. 퇴계 어른이 사시던 500년 전에도 유유히 흐르던 그 낙동강으로, 병산서원 가는 고갯길에서 내려다보던 그 조용했던 낙동강으로, 또 지금도 도산서원 앞으로 말없이 흐르고 있는 그 낙동강으로 여기 이 노을에 물든 물도 흘러가겠지.

아름다운 시간이었다.

선생님.

설명할 수 없는 일이지만 운 좋게 선생님 곁에서 이틀을 지내보았습니다. 지금도 그때의 일들을 떠올리면 다 꿈같기만 합니다. 처음 절우사 앞에서 선생님을 뵈었을 때, 덕(德)이라는 것이 무엇인지 한순간에 알 수 있었습니다. 말없이 향기만으로 존재를 알리는 봄밤의 꽃들처럼 선생님은 일상의 손짓 하나로도 제게 군자의 위엄을 가르쳐 주셨습니다.

이제 저는 수험생이 되었습니다. 늦가을쯤 치르게 될 대학 시험을 준비하고 있는 것이지요. 저 나름대로는 열심히 공부하려고 애쓴답니다. 물론, 선생님께서는 벼슬을 하려고 공부하는 것이 아니라고 말씀하시고 싶으시지요? 제가 사는 세상에는 고시라고, 벼슬하려는 사람을 위한 시험이 따로 있으니까 제가 벼슬을 하고 싶다면 행정고시니 외무고시니 하는 벼슬을 위한 공부를 해야겠지요.

그러나 선생님, 선생님 사시던 그때와는 세상이 많이 달라졌어요. 이제는 벼슬을 위한 것 말고도 공부를 해야 할 것이 많답니다. 농사짓는 일을 위해서도 공부를 해야 하고요, 배순 아저씨처럼 무쇠 다루는 일을 해도 공부를 해야 합니다. 예전에는 무쇠로 그릇을 만들고 농기구를 만들었지만 지금

은 자동차도 만들고, 말할 수 없이 커다란, 도산서당보다도 훨씬 큰 배도 만
든답니다. 뭐 그리 공부할 것이 많은지 궁금하시지 않나요? 세상이 바뀌었
다니까요. 머리 모양만 해도 전처럼 머리를 하나로 땋아 내리거나 상투 틀어
올리는 것이 아니라 다양한 모양으로 바꾸거든요. 엊그제 머리 자르러 미용
실에 갔었는데 그 미용실 아주머니도 새로 나온 기술을 따라가려면 공부를
해야 한다고 그러시던걸요.

　　선생님이 남기신 글들을 후세 사람들이 읽고 또 읽는다면 선생님은 혹
시 놀라지 않으실까요? 선생님이 공부하시던 내용을 가지고 많은 사람이 토
론하고 글을 씁니다. 선생님의 학문은 우리나라뿐 아니라 세계적으로도 이
름을 떨치고 있거든요. 선생님은 원하지 않으실지 몰라도, 많은 사람들이 선
생님의 사상을 공부하고 선생님의 삶을 본받으려 한답니다. 선생님께서 남
기신 묘지명을 생각해 보면, 지금 세상에서의 이런 추앙을 선생님은 부담스
러워하실지도 모르겠네요.

　　저는 대학에 가면 외교학을 공부하고 싶습니다. 선생님의 시대보다도
훨씬 국제 관계가 중요해졌거든요. 외교관이 되려면 벼슬하려고 하는 그 공
부를 좀 해야 할 것 같습니다. 그때는 이해해 주실 거죠?

이제 초여름인데 벌써 좀 지쳐 갑니다. 학교 선생님들은 6월을 잘 보내야 성공적인 수험 생활을 할 수 있다고 하시는데…….

그래도 저는 잘할 수 있을 겁니다. 선생님의 가르침 한 가지를 가슴에 품고 있거든요. 주일무적, 바로 그것이지요. 공부하면서는 공부에만 온 정성을 기울이는 것, 그것이 마음공부도 된다는 것을 잊지 않고 있거든요. 주일무적 그 한 가지만 가슴에 담고 있자, 그렇게 생각했거든요.

제가 좋은 사람으로 세상을 살 수 있을까요? 가끔 저의 미래를 상상해 봅니다. 선생님의 가르침처럼 언제나 모든 일에 정성을 기울이며 마음공부를 하다 보면 그래도 어질게 살아갈 수 있지 않을까, 그런 생각도 해 보면서요.

대학 시험을 치러 놓고 나서 다시 도산에 갈 겁니다. 선생님이 거니시던 그 길들을 저도 다시 한 번 따라 걸어 보겠습니다. 배순 아저씨도 많이 보고 싶네요.

또 편지 드리겠습니다.

서당에서 마당 쓸던

달중이 올림

집에 전화했더니 일본에 가 있다고 하시더군. 그래서 이메일을 보내는 걸세. 논문 준비는 잘 되고 있나? 자료를 찾으러 일본까지 가다니 자네의 그 열정이, 또 젊음이 부럽기만 하네.

사실은 안동에 다녀왔다네. 그런데 말일세, 놀라지는 말게. 배영길 선생이 사라졌네. 어제까지 실시학사 여름 강독회가 있었거든. 우리는 여전히 열화민박에서 묵었는데 우리가 왔다는 얘기를 듣고 미영 양이 인사를 왔어. 마침 미영 양도 집에 다니러 왔더군. 그래서 함께 배 선생의 집을 찾았는데 거기서 배 선생이 없어졌다는 이야기를 들은 거야.

배 선생을 거두었던 그 노파가 돌아가신 뒤로 배 선생이 안동의 독거노인 세 분을 모셔 온 것은 자네도 알 거고. 그분들 말씀이 한 일주일 되었다고 하네. 다른 날과 마찬가지로 하루를 시작했는데 저녁이 되어도 집에 돌아오지를 않더라는 거지. 우리가 예상했던 일이 생긴 것 같네. 그 바람의 정도가 딱 맞아떨어진 모양이야.

집은 깔끔했네. 세 분의 노인이 지내기에 적당한 구조로 집 안이 정리되어 있었네. 언제든 자신이 사라질 수 있다고 생각했던 때문인지 자신의 빈 자리를 느낄 수 없도록 늘 준비하고 있었던 모양이야. 전에 말했던 그 배

장로 기억나나? 배 선생의 후손이라던. 그 장로님께 자신이 더 이상 이분들을 모시지 못하는 때가 오면 대신 이 노인들을 모셔 달라, 그렇게 이야기를 했다는구먼. 그러고도 시간이 한참 흘러 배 장로도 거의 잊고 있었다는데. 어떻게 하면 좋겠나? 내 생각에는 그저 배 선생의 바람대로 우리가 조용히 있는 것이 좋을 것 같은데. 나는 배 선생이 낯선 시대가 아니라 자신이 살던 그 시절로 돌아갔기만을 바랄 뿐이네.

공부하는 것은 어떤가? 외교관이 되겠다던 자네가 한국 사상을 공부하겠다고 휴학하고 다시 대학 시험을 치를 때, 나는 사실 말리고 싶었네. 남들 다 덮은 한문책 꺼내서 다시 한문 공부를 해야 하고, 선학들의 성과물을 꼼꼼히 공부해야 하는 어려운 과정도 그렇지만, 무엇보다 이 시대가 인문학 공부하기에 그리 좋은 환경이 아니지 않은가.

그래도 한편으로는 반가웠던 것도 사실일세. 돈 생각하면 갈 수 없는 길이 이 인문학 하는 길인데, 이런 길에서 만난 자네처럼 뜨거운 애정과 열정을 지닌 젊은 학자가 왜 안 반갑겠는가. 퇴계 선생에 대한 남다른 경험이 자네의 에너지원이 된 것인지도 모르겠지만, 어쨌든 생활 속에서 늘 경 공부를 하고 있는 자네의 모습이 정말 대견하다네.

어떤가? 일본에서 퇴계 선생의 발자취를 더듬는 일이. 일주일 예정으로 떠났다던데 아무쪼록 좋은 결과 안고 돌아오길 바라네. 배 선생 일은 자네가 돌아오면 만나서 이야기하기로 하고. 건강 조심하게.

문회